kosmos

KOSMOS
HUNDE
BIBLIOTHEK

EVA-MARIA KRÄMER
UND MARIE-LUISE WINNIG

DEUTSCHER SCHÄFERHUND

EXPERTENRAT FÜR DEN HUNDEHALTER

FRANCKH-KOSMOS

Mit 62 Farbfotos und 12 Schwarzweißabbildungen von Eva-Maria Krämer, sofern in der Legende nichts anderes angegeben ist, sowie 60 Zeichnungen von Mia Ejerstad-Conti und Rainer Benz (S. 107), Eva Hohrath (S. 125 und S. 104 g, h), Milada Krautmann (S. 86/87), Schwanke & Raasch (S. 104 a–f) und Brigitte Zwikkel-Noelle (S. 142).

Umschlaggestaltung von Norbert Deppe, Herrenberg-Oberjesingen, unter Verwendung von 5 Farbaufnahmen von Eva-Maria Krämer. Die Umschlagvorderseite zeigt den Rüden Kevin von Assaut, SchH III, Körklasse I/a, V-Auslese und die Hündin Kascha von Roggenbrunn; das Foto auf Seite 2 zeigt Warko vom Kirschental, SchH III und HGH-Sieger.

Layout-Entwurf: Concept GmbH, Höchberg.

Fachtierärztliche Durchsicht der Kapitel über Ernährung und Krankheiten: Dr. med. vet. Helga Brehm, Stuttgart.

ISBN 3-440-06365-8
Lektorat: Angela Wolf
Herstellung: Kirsten Raue
Printed in Italy / Imprimé en Italie
Satz: G. Müller, Heilbronn
Herstellung: Printer, Trento

Die Deutsche Bibliothek –
CIP-Einheitsaufnahme

Krämer, Eva-Maria:
Deutscher Schäferhund : Expertenrat für den Hundehalter / Eva-Maria Krämer und Marie-Luise Winnig. – Stuttgart : Franckh-Kosmos, 1993
(Kosmos-Hundebibliothek)
ISBN 3-440-06365-8
NE: Winnig, Marie-Luise:

INHALT

Deutscher Schäferhund

KAPITEL 1

Schäferhund – Hausgenosse und Freizeitpartner

Schäferhunde machen alles mit – hier beim Rafting. (Foto: Winnig)

Der Deutsche Schäferhund ist zwar ein schöner, formvollendeter Hund, aber seine weltweite Beliebtheit liegt sicherlich in erster Linie an seinen hervorragenden, vielseitigen Charaktereigenschaften. Wer bewundert nicht die enormen Fähigkeiten der Diensthunde, sei es bei Polizei, Zoll, als Rettungs-, Lawinen- oder gar Blindenführhund? Ausgeprägter Schutztrieb, selbständiges Handeln an der Herde bei gleichzeitiger Unterordnungsbereitschaft gegenüber dem Herrn, enge Verbundenheit mit dem Herrn, Freude an der Arbeit, Lerneifer, Kontaktfreude, Spieltrieb, Unerschrockenheit und Sicherheit gegenüber ungewohnten Umwelteinflüssen sind Wesensmerkmale, die der Hütehund für seine Arbeit benötigt.

Diese Eigenschaften zeichnen den Deutschen Schäferhund aus und bieten die Grundlage für die Vielseitigkeit einer Rasse, die für jeden Hundeliebhaber etwas zu bieten hat, wenn er es versteht, den richtigen Hund zu wählen. Vom umgänglichen, ausgeglichenen, gutartigen, unterordungsbereiten, wachsamen Familienhund mit fröhlichem Temperament bis hin zum nervenstarken, schußfesten, harten, selbstsicheren Hund mit ausgeprägtem Kampftrieb im Diensthundewesen ist die Palette der Weseneigenschaften weit gefächert. Für den einen stehen Härte, Mut und Arbeitsfreude im Vordergrund, für den anderen sind Intelligenz, Sensibilität und Lernbereitschaft wichtig. Wieder andere heben sein Temperament, gepaart mit seiner Selbstsicherheit und Gelassenheit, hervor.

Wichtig ist, daß der künftige Schäferhundbesitzer weiß, was er von seinem Hund verlangt, und sich den entsprechenden Gefährten, ob Welpe oder älteren Hund, aussucht, um Enttäuschung zu vermeiden. Er muß sich selbst kritisch betrachten und prüfen, ob seine Wunschvorstellungen im täglichen Leben überhaupt sinnvoll sind. Der falsche Hund am falschen Platz sorgt für negative Schlagzeilen und ruiniert den Ruf der Rasse. Die besten Wesensanlagen nützen nichts, wenn der Hund falsch erzogen und gehalten wird.

Eine schöne Wesensbeschreibung, die viel über die Rasse allgemein aussagt, ist die von Max von Stephanitz über seinen Traumhund »Horand von Grafrath«, Stammvater der modernen Schäferhundezucht: »Horand bedeutete auch für damalige Luxusschwärmer des Wunschtraumes Erfüllung: groß für die damalige Zeit – mit 60 bis 61 cm Rückenhöhe, richtig gemessen selbstverständlich, ohne ›Vergrößerungsglas‹, auch für heutige Verhältnisse sonach von richtiger Mittelgröße –, mit kräftigen Knochen, schönen Linien und edel geformtem Kopf, das Gebäude trokken und sehnig, der ganze Hund ein Nerv.

Dementsprechend auch das Wesen: wundervoll in seiner anschmiegenden Treue zum Herrn, allen anderen gegenüber eine rücksichtslose Herrennatur, ungebändigt in ihrer überschäumenden Lebensfülle. In der Jugend leider nicht erzogen, trotzdem in der Hand des Herrn gehorsam auf den leisesten Wink, aber, sich selbst überlassen, der tollste Unfugstifter, der wildeste Raufer und ein zügelloser Hetzer. Nie müßig, immer unterwegs; gutmütig zu harmlosen Menschen, aber kein Schmeichler; ein Kindernarr und immer – verliebt.

Seinem Beobachter ein dauernder Genuß, seinem Besitzer oft auch eine Quelle schweren Ärgers. Was hätte aus dem Hund werden können, wenn wir damals schon zielbewußte Ausbildung gehabt hätten! Seine Fehler waren Fehler seiner Erziehung, nicht seiner Anlage. Er litt an unterdrücktem, sagen wir besser, nicht ausgenütztem Tätigkeitstrieb; denn er war selig, wenn man sich mit ihm beschäftigte, war dann der lenksamste Hund.«

Diese Beschreibung trifft auch heute noch auf den Deutschen Schäferhund zu, vorausgesetzt, er kommt aus einer guten Zucht, denn die Wesensmerkmale müssen züchterisch ebenso gefördert werden wie die körperlichen.

Der Deutsche Schäferhund ist kein bequemer Hund, er fordert seine Menschen und will gefordert werden. Er ist kein aufdringlicher Schmuser, aber er genießt die freundliche Zuneigung seiner Familie. Fremden gegenüber verhält sich der erwachsene Hund in der Regel neutral und desinteressiert. Natürlicher Wach- und Schutztrieb zeichnen ihn aus. Er benötigt konsequente, verständnisvolle Erziehung und vor allen Dingen Beschäftigung, um sein Temperament und seine Intelligenz ausleben zu können. Dabei ist er im Umgang mit seinen Zweibeinern nicht zimperlich, für ihn sind sie Raufkumpane, die er wie seine Hundekameraden kräftig

Dieser Blindenführhund weigert sich selbst auf Druck seines Herrn, weiterzugehen. Er warnt damit eindringlich vor der Gefahr des Bordsteins. Erst wenn der Blinde den Bordstein erkannt und abgetastet hat, geht der Hund auf Kommando weiter.

anpackt, so daß für den Schäferhundbesitzer blaue Flecken und Hautabschürfungen wenigstens in der ungebärdigen Jugendzeit an der Tagesordnung sind.

Damit Sie mit Ihrem Traumhund Schäferhund ein harmonisches Paar werden, haben wir unsere Erfahrungen für Sie aufgeschrieben. Wenn sie Ihnen helfen, Ihren Hund zu verstehen, und Ihr Hund ein glücklicher Schäferhund ist, haben wir unser Ziel erreicht.

Wir haben den Familienhund in den Vordergrund gestellt und nicht den Sporthund, denn der Schäferhund kann ein hervorragender Familienhund sein, wenn auch ein sehr anspruchsvoller! Nur ein relativ kleiner Teil der Schäferhundwelpen wird aktiv im Leistungssport oder in der Zucht eingesetzt. Es gibt eine Fülle von Literatur und praktischen Anweisungen auf den Übungsplätzen für den Hundesportler. Der Besitzer des Familienhundes jedoch ist in der Regel auf sich selbst gestellt und muß sehen, wie er mit seinem Hund fertig wird.

Schließlich ist das Idealbild des Schäferhundes immer ein gut erzogener, ausgeglichener, selbstsicherer Hund. Solche Hunde fallen nicht vom Himmel. Es kostet Arbeit und viel Verständnis für das Tier, sich einen solchen Hund heranzuziehen. Wir hoffen, Ihnen mit unserem Buch dazu verhelfen zu können, und wünschen Ihnen und Ihrem Schäferhund viel Erfolg!

KAPITEL 2

Überlegungen vor dem Kauf eines Schäferhundes

Schäferhunde brauchen viel Auslauf und Bewegung.

Der Deutsche Schäferhund ist ein anspruchsvoller Hund, so daß man sehr gut überlegen sollte, ob man selbst und sein Umfeld überhaupt geeignet sind, diesen Hund zu halten. Er besitzt einen enormen Bewegungs- und Arbeitsdrang, er ist intelligent und will beschäftigt werden. Er braucht engen Kontakt zu seinem Herrn und dessen Familie.

Leider hat er den Ruf, ein »guter Zwingerhund« zu sein. So etwas gibt es gar nicht! Wenn Ihre Familie gegen eine Hundehaltung ist und Sie glauben, der richtige Hund für Sie sei ein Schäferhund, weil er gut im Zwinger zu halten ist, irren Sie! Kein Hund ist für ein Leben im Zwinger geeignet. Er »überlebt« im Zwinger, aber ein Rudel-Lauftier wie den Hund in einen Käfig zu sperren, grenzt an Tierquälerei. Ganz abgesehen von den psychischen Schäden, die ein solcher Hund davonträgt. Eine Zwingerhaltung ist nur angeraten und empfehlenswert, wenn der Hund dort nur stundenweise untergebracht wird und die andere Zeit im Haus und in der Familie leben darf.

Der Schäferhund kann ebenso ein hervorragender Sportkamerad wie Familienhund sein. Vorausgesetzt, man hat die Zeit, sich mit ihm zu beschäftigen. Das bedeutet täglich wenigstens zwei Stunden strammen Auslauf und tagsüber Zuwendung, d. h., man »tut etwas mit dem Hund«.

Zur Haltung eines solch temperamentvollen Vierbeiners gehört eine gewisse körperliche Fitness. Einem ausgewachsenen Rüden muß man körperlich gewachsen sein, will man ernst genommen werden. Die Erziehung ist das wichtigste Kapitel in der Schäferhundehaltung. Sie erfordert Zeit, aber in erster Linie ein wenig »Hundeverstand«, Geduld und Durchsetzungsvermögen.

Wo Sie wohnen, spielt eine untergeordnete Rolle. Je kleiner die Wohnung, desto mehr Zeit muß man aufbringen, um dem Hund Freilauf und Beschäftigung zu bieten. Voraussetzung ist, daß unmittelbar am Haus Freigelände anschließt, wo sich der Hund austoben kann. Muß man erst mit dem Hund aufs Land fahren, ist der Schäferhund der falsche Gefährte. Er paßt nicht in ein Stadtleben. Ideal wäre natürlich eine geräumige Wohnung mit Zugang zum Garten, wobei der größte Park nicht den täglichen gemeinsamen Spaziergang ersetzt, denn ein Hund, allein auf sich gestellt, läuft nie das nötige Pensum.

Schäferhunde sind zwar pflegeleicht, aber sie verlieren während des Fellwechsels unendlich viele Haare. Jeder Hund bringt Schmutz mit in die Wohnung. Eine Hausfrau, der die Sauberkeit ihrer Wohnung über alles geht, ist selten begeistert von einem Hund. Man kann den Fellwechsel zwar mindern, und die Pfoten sind schnell abgewaschen, aber es hat keinen Zweck, das harmonische Familienleben aufs Spiel zu setzen. Es endet unweigerlich damit, daß der Hund in einen Zwinger verbannt oder, wenn das nicht möglich ist, abgegeben wird. Also – die Hausfrau hat das letzte Wort!

Sie brauchen die schriftliche Genehmigung des Hausbesitzers zur Hundehaltung, und Sie sollten absolut sicher sein, daß Sie die nächsten 10 bis 15 Jahre dort wohnen bleiben können. Eine neue Wohnung zu finden, ist heute schon schwer genug, aber mit Kind und gar einem Schäferhund dürfte das höchstwahrscheinlich die Konsequenz haben, daß der Hund im Tierheim landet.

Die meisten Menschen handeln bei einer Neuanschaffung außerordentlich kostenbewußt. Wenn es um Hunde geht, wird dieser Punkt erstaunlich blauäugig übergangen. Hundehaltung ist teuer! Das beginnt mit der Anschaffung eines Welpen. Aus einer guten Zucht kostet er um die DM 900,–. Das Geld sollten Sie schon anlegen, denn die Haltungskosten sind die gleichen. Und das gesunde Fundament eines gut aufgezogenen Welpen erspart Ihnen im Laufe des Hundelebens weitere Kosten und Sorgen.

Erkundigen Sie sich nach den bei Ihnen geforderten Hundesteuern ebenso wie nach der Prämie für eine Hundehaftpflichtversicherung, die unbedingt erforderlich ist. Der Bau eines artgerechten Zwingers ist nicht billig. Rechnen Sie anhand des Futterplans aus, was Sie der Hund täglich nur an Futter kostet. Rechnen Sie nicht mit preiswerten Großeinkäufen, da das Futter bei unsachgemäßer Lagerung nicht nur an Nährwert verliert, sondern sogar verderben und den Hund krank machen kann.

Jedes Jahr braucht der Hund die Routineimpfungen, evtl. kommen Wurmkuren hinzu. Tierarztkosten für den kranken oder verletzten Hund sind kaum abzuschätzen. Erkundigen Sie sich nach einer Hundekrankenversicherung. Anschaffungen wie Halsband, Leine, Futternapf, Striegel, Hundebett und später evtl. Ausbildungshilfen haben auch ihren Preis. Hinzu kommen eventuell Vereinsbeiträge, Fahrten zum Übungsplatz oder zu Ausstellungen. Ganz zu schweigen von all den Leckereien, die man ständig so nebenbei für den Hund kauft.

Bitte kalkulieren Sie sorgfältig, ob Sie langfristig die Ausgaben für die Hundehaltung tragen wollen.

Wer gerne in fremde Länder reist, sollte sich gegen eine Hundehaltung entscheiden, es sei denn, er besitzt ein Haus mit Garten und Personal oder liebe Verwandte, die den Hund in der Urlaubszeit hüten. Praktisch wäre eine »Patenfamilie«, die der Hund gut kennt und deren Hund man ebenfalls in den Ferien zu übernehmen bereit ist. Am schönsten ist es natürlich, den Hund mit in die Ferien zu nehmen, doch dann muß der Urlaubsort »hundegerecht« sein.

Nur wenn Sie die folgenden Fragen mit einem aufrichtigen »Ja« beantworten können, sollten Sie die Anschaffung eines Schäferhundes in Erwägung ziehen:

- Haben Sie die Zeit, mehrmals täglich mit dem Hund auszugehen und einen wenigstens zweistündigen Spaziergang mit ihm zu machen?
- Wohnen Sie in unmittelbarer Nähe von freiem Gelände, wo der Hund sich lösen kann?
- Sind Sie bereit, die Kosten für die Ernährung eines großen Hundes, Tierarztrechnungen, Versicherungen, Steuer etc. zu tragen?
- Haben Sie mit dem Vermieter und den Mitbewohnern geklärt, ob Sie den Hund halten dürfen?
- Ist Ihre Wohnung groß genug, diesem temperamentvollen Vierbeiner eine hundgerechte Haltung zu gewährleisten?
- Haben Sie die Urlaubsfrage zufriedenstellend gelöst?
- Sind Sie bereit, sich mit der Hundeseele und dem hundlichen Verhalten vertraut zu machen und Ihren neuen Freund entsprechend zu erziehen?

Kind und Hund

Schäferhunde und Kinder sind ein wundervolles Gespann – aber nur unter gewissen Voraussetzungen.

Der Schäferhund betrachtet seine Menschen als Raufkumpanen. Er geht mit ihnen im Spiel oft sehr viel rauher um als andere Rassen. Er kann die Verletzlichkeit der menschlichen Haut nicht einkalkulieren. Wer mit seinem Schäferhund spielt, muß mit blauen Flecken und Kratzern rechnen! Ein ganz wichtiger Aspekt im Umgang des Hundes mit Kindern!

Wenn kleinere Kinder in der Familie sind, sollte grundsätzlich ein 10 bis 12 Wochen alter Welpe, vorzugsweise eine Hündin, aufgenommen werden. Das Kind darf nicht zu klein und unverständig sein, es könnte den Hund ungewollt quälen, und der Welpe mit seinen spitzen Zähnchen dem Kind ebenso unabsichtlich weh tun.

Wenn sich Kinder unbedingt einen Hund wünschen, sind sie eigentlich

Behutsam wird das kleine Mädchen mit dem Welpen vertraut gemacht.

im geeigneten Alter, aber die Eltern müssen sich darüber im klaren sein, daß ein Kind von etwa zehn Jahren keinesfalls mit der Verantwortung für einen Deutschen Schäferhund betraut werden kann. Es gibt Kinder, die konzentrieren sich schon in diesem Alter voll und ganz auf die Pflege und Erziehung des Vierbeiners und bleiben ein Leben lang dabei, aber das ist die Ausnahme. Meist schwindet das Interesse rasch, wenn der junge Hund im Flegelalter ungebärdig wird.

Grundsätzlich kann man Kinder nicht mit einem Schäferhund alleine spazierengehen lassen, weil er viel zu kräftig und temperamentvoll ist und sich einem Kind, auch einem älteren, sicherlich in kritischen Situationen nicht *bedingungslos* unterordnet. Eine über die Straße laufende Katze, ein entgegenkommender Hund können zu schweren Unfällen führen.

Grundsätzlich gilt, daß man Kind und Hund nie alleine unbeaufsichtigt zusammenläßt.

Egal, wie kinderlieb der Hund auch erscheinen mag: Der Hund ist ein Hund, und seine Greifwerkzeuge sind die starken Kiefer und scharfen Zähne. Mißverständnisse zwischen einem großen Hund und einem Kind können für das Kind lebensgefährlich enden, auch wenn es der Hund gar nicht »böse« gemeint hat.

Erlauben Sie niemals spielenden Kindern, in Gegenwart des Hundes zu streiten oder zu raufen. Hunde verstehen keinen Spaß und greifen in jede Rangelei mit ein, was zu schlimmen Unfällen führen kann.

Es gibt Hunde, die alle Kinder lieben, und solche, die nur die »eigenen« dulden. Fremde Kinder sind deshalb stets mit Vorsicht an den Hund heranzuführen. Einzelhunde, die nie mit Kindern zu tun hatten, meiden sie in der Regel. Niemals darf man dulden, daß Kinder einen Hund bedrängen, der auszuweichen versucht. Hunde brauchen immer eine Fluchtmöglichkeit; in die Enge getrieben, werden sie sich mit dem Gebiß zu wehren wissen.

Selbstverständlich haben Kinder nichts am Futternapf zu suchen. Ganz kleine Kinder *können* zwar Narrenfreiheit genießen, wie kleine Welpen auch, aber sie wachsen heran, und der Hund wird sie als seinesgleichen betrachten, erziehen, wo es ihm nötig erscheint, und seinen Rang bewahren, denn er sieht im Kind ein rangniedereres Familienmitglied. Hunde haben ein sehr feines Gespür dafür, wer das Sagen hat und wer sich unterordnen muß.

Achten Sie darauf, daß der Hund seine Schlaf- und Ruhezeiten bekommt und nicht endlos von den Kindern gegängelt wird. Bringen Sie den Kindern Achtung und Verantwortung für das Tier bei.

Die unerläßliche Ausbildung eines Deutschen Schäferhundes beginnt schon beim Welpen und kann von einem älteren Kind unter Anleitung durchaus durchgeführt werden. Wenn Kind und Hund gemeinsam unter diesem Aspekt heranreifen, wird daraus eine wundervolle Partnerschaft entstehen. Es gibt viele schöne Hundesportmöglichkeiten für Jugendliche. Warum sollten Eltern diese nicht ebenso fördern wie andere Sportarten?

Rüde oder Hündin?

Rüden sind das ganze Jahr sexuell ansprechbar. Leben viele Hündinnen in Ihrer Nachbarschaft, sollten Sie sich lieber eine Hündin anschaffen, denn der Rüde ist sonst wochenlang liebeskrank, frißt nicht, weint, sitzt an der Tür und will hinaus, kurz, er hat nichts anderes im Sinn, als zu seiner Angebeteten zu gelangen. Rüden müssen nach Urväter Sitte ihr Revier markieren. Sie heben an allem, was sich anbietet, ihr Bein. Allerdings kann man das erzieherisch in Grenzen halten.

Die Hündin markiert nur vor und während der Hitze. Zweimal im Jahr wird sie läufig oder heiß. Sie sondert aus der Scheide ein blutiges Sekret und Duftstoffe ab; das erstemal zwischen dem 6. und 12. Monat, selten später. In diesen drei Wochen müssen Sie sie von Rüden fernhalten, wenn Sie auf Nachwuchs keinen Wert legen. Schon Wochen vorher wirkt die Hündin unkonzentriert und neigt vor und während der Hitze regelrecht zu Ungehorsam und versucht sogar auszubüchsen.

Hündinnen halten sich meist selbst sauber, ansonsten können Spezialhöschen in der Wohnung Verschmutzung verhindern. Es gibt geruchsbindende Mittel (Chlorophylltabletten), die den für uns nicht wahrnehmbaren, für Rüden aber um so verlockenderen Duft der Hündin während der Läufigkeit unterbinden. Das ist jedoch kein Freibrief, denn wenn sich die paarungsbereite Hündin dem Rüden anbietet, wird er auch ohne Duft seine Chance wahrnehmen.

Es gibt hitzeunterdrückende Hormonspritzen, allerdings können krankmachende Nebenwirkungen auftreten (z. B. Gebärmutterentzündung). Deshalb möchten wir diese Möglichkeit nicht empfehlen. Eine Kastration wirkt sich auf die Hündin selten negativ aus, bei sinnvoller Ernährung und Bewegung wird sie nicht fett. Das gelegentlich auftretende Harntröpfeln kann homöopathisch

Ein aufmerksames Paar: Links die Hündin und rechts der kohlschwarze Schäferhundrüde.

behandelt werden. Kastrierte Rüden werden deutlich träger und verändern ihr Verhalten.

Charakterlich ist der Rüde insgesamt robuster und eher geneigt, sich aufzulehnen, und bedarf daher der konsequenteren Erziehung, die Hündin eher einer sensibleren Hand. Verschmust sind beide. Einer Familie mit kleinen Kindern würden wir zu einer Hündin raten, wer viel mit dem Hund reist oder Hundesport betreiben will, ist möglicherweise mit einem Rüden besser bedient. Wer einmal züchten möchte, beginnt logischerweise mit einer Hündin.

Wahrscheinlich werden Sie – allen Argumenten zum Trotz – den Welpen aussuchen, der auf Anhieb Ihr Herz erobert, noch ehe Sie nach seinem Geschlecht fragen konnten.

Wie alt soll der Hund sein?

In der Regel kauft man einen Welpen im Alter von acht Wochen. Er ist geimpft, selbständiges Fressen gewöhnt und befindet sich in der sog. Prägungsphase, die ein problemloses Umstellen auf neue Verhältnisse und Menschen ermöglicht. Man sollte einen Welpen so früh wie möglich übernehmen, wenn er in einem Zwinger ohne intensiven menschlichen Kontakt aufwächst.

Besonders kritisch ist die Zeit zwischen dem 4. und 7. Monat. Die Tiere

Oben:
Im Tierheim warten viel zu viele erwachsene Schäferhunde auf ein neues Zuhause.

beginnen, ihre Umwelt zu erkunden, und sind manchmal noch unsicher und ängstlich. In dieser Zeit knüpfen sie enge Bande innerhalb der Familie und zu ihrer Umgebung. Kommt ein Junghund in dieser Entwicklungsphase in fremde Hände, kann das seine charakterliche Entwicklung empfindlich stören.

Der Hundekenner kann einen älteren oder erwachsenen Hund übernehmen. Sofern der Hund menschenbezogen aufgewachsen ist, erspart man sich viel Arbeit, aber auch Freude, die die Welpenaufzucht mit sich bringt.

Zwei Schäferhunde

Zwei Hunde zu halten, macht natürlich riesigen Spaß, bringt aber doppelte Kosten, Verantwortung und Aufwand mit sich. Bei gleichgeschlechtlichen Paaren kommt es früher oder später zu Rangeleien und Raufereien. Deshalb sollte der Altersunterschied deutlich sein und man als Mensch sich niemals auf die Seite des Schwächeren schlagen, wenn die Hunde ihre Rangordnung austragen. Es könnten sonst lebenslange Feindschaften aufgebaut werden, die für den Hundehalter außerordentlich nervenaufreibend sind. Ebenso unbefriedigend ist es aber auch, wenn ein dominanter Hund seinen Kameraden so unterdrückt, daß er kein glückliches Hundeleben mehr führen kann.

Kaufen Sie niemals zwei Welpen gleichzeitig. Man kann sie nicht befriedigend erziehen.

Rüde und Hündin vertragen sich blendend, aber man muß sie während der Läufigkeit der Hündin trennen können. Häufig sind Rüden, die ständig eine Hündin um sich haben, fremden Rüden gegenüber außerordentlich aggressiv.

KAPITEL 3

Kauf und Eingewöhnung eines Schäferhundes

Schwarz-gelber und grauer Welpe. Die lustigen Kippohren kommen bald zum Stehen. (Foto: Maibüchen)

Wo kaufen?

Einen Welpen kauft man beim Züchter. Der Verein für Deutsche Schäferhunde e.V. (SV) in Augsburg (Adresse im Anhang) gibt Ihnen kostenlos Züchteradressen aus Ihrer Umgebung. Viele Menschen, die einen Familienhund suchen und nicht züchten wollen, glauben, ein Hund ohne »Papiere« – und dafür ein wenig billiger – täte es auch.

Was aber ist eine Ahnentafel? Dieser Abstammungsnachweis ist ein Auszug aus dem Zuchtbuch, dem Hundestammbuch. Sie erleichtert dem Züchter seine Arbeit, er hat die Ahnenreihe seiner Hunde auf einen Blick vor Augen und braucht nicht mühsam Zuchtbücher zu studieren. Je sorgfältiger eine Paarung geplant ist, je besser ein Züchter die Hunde kennt, die in der Ahnenreihe seiner Zuchttiere vorkommen, desto größer ist die Wahrscheinlichkeit, daß die Welpen die vom Züchter angestrebten positiven Eigenschaften von ihren Vorfahren geerbt haben.

Für den Neuling ist so eine Ahnentafel ein Buch mit sieben Siegeln, für den Kenner jedoch eine Offenbarung. Hinter jedem Welpen stehen Züchter-

Links:
Wer kann wohl einem solchen Kerlchen widerstehen?

generationen, die sich große Mühe gegeben haben, immer bessere Deutsche Schäferhunde zu züchten. Da sich die Natur nicht automatisieren läßt, gelingt nicht jede Paarung wie geplant, aber im großen und ganzen werden die Welpen den Erwartungen entsprechen. Der Wert einer Ahnentafel liegt nicht darin, daß nur Siegerhunde auftauchen, sondern daß der Züchter die Erbanlagen der verschiedenen Hunde so zu verbinden wußte, daß ein positives Ergebnis herauskommt.

Die Zuchtbestimmungen des SV sorgen dafür, daß nur gesunde, wesensfeste und rassetypische Schäferhunde zur Zucht gelangen. So muß z. B. ein zur Zucht zugelassener Schäferhund eine Ausstellungsbewertung von mindestens »gut« vorweisen, wenigstens eine Schutzhund-I-Prüfung absolviert haben, und er darf keine schwere Hüftgelenksdysplasie haben. Zuchtwarte überprüfen die Zwingeranlagen und die Aufzucht der Welpen.

Erst wenn alle Auflagen erfüllt sind, wird der Wurf zur Eintragung ins Zuchtbuch gemeldet. Als Beleg erhalten die Züchter für jeden Welpen eine Ahnentafel. Dieses Dokument gehört zum Hund und rechtfertigt keinen Aufpreis. Züchter des SV dürfen keine Welpen ohne Ahnentafel abgeben, auch wenn sie Mängel aufweisen sollten.

Wer eine »schnelle Mark« mit der Hundezucht zu verdienen sucht, plagt sich nicht gerne mit Zuchtbestimmungen, teuren Ausstellungsbesuchen, aufwendigen Prüfungen und riskiert ein Zuchtverbot, weil der Hund eine schwere HD oder Wesensmängel hat. Er gibt seine Welpen lieber »ohne Papiere« etwas billiger ab und verzichtet auf Papiere oder besorgt sich solche, die von sog. Zuchtbuchstellen ausgestellt werden, die keine oder nur geringe Anforderungen an die Qualität der Zuchttiere stellen, und deshalb von VDH und SV nicht anerkannt werden können. Reinrassige Schäferhunde sind das auch, aber was für welche?

Wichtig ist, daß die Ahnentafeln der Welpen (und nicht nur die der Eltern) vom SV ausgestellt wurden. Wer in seinem Schäferhund einen Hausgenossen und Weggefährten für die

Rote SV-Papiere

Sie sind auf rosafarbenem Papier ausgedruckt und besagen, daß die Elterntiere höchsten Anforderungen gerecht wurden. D. h., sie haben mindestens die Schaubewertung »gut« und eine SchH I abgelegt sowie die Ausdauerprüfung bestanden, sie sind angekört (haben eine spezielle Zuchttauglichkeitsprüfung auf Schönheit und Wesen bestanden) und den HD-Status »a« zuerkannt (siehe Gesundheit, Seite 106).

Weiße SV-Papiere

Der Zuchthund muß mindestens die Schaubewertung »gut« und eine SchH I nachweisen. Er kann mittlere HD haben (Zuchtausschluß bei schwerer HD). Ein Nichtbestehen der Ausdauerprüfung könnte gesundheitliche Ursachen haben, ein Fehlen der Körung auf Wesensprobleme oder gravierende Schönheitsfehler (z. B. zu groß) hindeuten.

nächsten 10 bis 14 Jahre sucht, sollte nicht am Anschaffungspreis sparen, es muß ja nicht gleich ein Welpe aus Sieger-Spitzenzucht sein.

Sie sollten sich vor dem Kauf im klaren sein, was sie wollen. Einen Haus- und Familienhund, einen Gefährten im Hundesport oder einen künftigen Zuchthund. Entsprechend sollten Sie den Züchter auswählen. Manche Züchter legen ihren Schwerpunkt auf Gebrauchseigenschaften und machen in bezug auf die Schönheit Abstriche, andere wiederum bevorzugen den herausragenden Ausstellungshund und gehen vielleicht Kompromisse in bezug auf die Leistung als Sporthund ein.

Vereinbaren Sie mit mehreren Züchtern unverbindliche Besuchstermine. Sie werden sehr schnell herausfinden, wo die Hunde einen wirklich guten Kontakt mit ihrem Züchter haben, wo die Welpen aufgeschlossen und menschenfreundlich sind. Haben Sie Geduld, fallen Sie nicht beim Anblick des ersten putzigen Welpen gleich in Verzückung – bleiben Sie kritisch, prüfen Sie, ehe Sie kaufen. Ein ganzes Hundeleben lang haben Sie Zeit, einen voreiligen Kauf zu bereuen oder sich über einen gelungenen zu freuen!

Ältere und erwachsene Hunde bekommt man beim Züchter oder im Tierheim. Hier gilt auch, daß der Hund bestens auf Menschen und die Umwelt geprägt sein muß. Ein verschreckter Zwingerhund ist wirklich nur etwas für Hundekenner, die genau wissen, was sie da auf sich nehmen, und dem Tier aufgrund ihrer Erfahrung helfen können. Gründe, einen älteren Hund abzugeben, gibt es viele. Möglicherweise hat ein vielversprechender Welpe Schönheitsfehler entwickelt, die den Züchter stören, die für den Hundehalter jedoch vollkommen bedeutungslos sind. Ein Hund kann sich als Zuchttier nicht bewährt haben, auch das ist für den Halter kein Handicap.

Auch für bewährte Zuchttiere sucht der Züchter nach einigen Jahren eine nette Familie, in der der Hund alt werden kann. Das ist tierfreundlicher, als ihn für den Rest seines Lebens im Zwinger zu halten. Hundesportler bieten gelegentlich einen Hund zum Verkauf an, der leistungsmäßig nicht den Anforderungen entspricht. Vorsicht, falls der Hund durch falsche Erziehungsmaßnahmen verhaltensgestört sein sollte! Wichtig ist für den Käufer, daß der Hund keine Mängel hat, die verschwiegen wurden, und vollkommen gesund ist. Vereinbaren Sie dies schriftlich mit dem Verkäufer, und bestehen Sie auf einer Röntgenaufnahme der Hüfte mit Auswertung, die bestätigt, daß der Hund keine Hüftprobleme hat.

Das Angebot an mehr oder weniger schönen Schäferhunden in Tierheimen ist leider sehr groß. Wenn Sie mit Hunden umgehen können und keine Verantwortung für Kinder tragen, können Sie wirklich liebe, problemlose Hunde darunter finden. So können sie ein tragisches Hundeschicksal zum Guten wenden.

Der Gang zum Züchter

Vereinbaren Sie frühzeitig einen Besuchstermin, damit der Züchter Zeit für Sie hat. Lassen Sie sich die erwach-

Ein guter Kontakt zwischen dem Züchter und seinen Hunden ist wichtig.

senen Hunde zeigen, die gesund und gepflegt sein sollten. Kein Tier darf scheu oder bissig sein. Alle Hunde sollten sich in Gegenwart ihres Besitzers Fremden gegenüber freundlich und unbefangen verhalten und ein offensichtlich gutes Verhältnis zum Züchter haben, auch wenn es sich um eine Hündin handelt, die der Züchter »gemietet« hat, was bei Schäferhundzüchtern öfter der Fall ist.

Wichtig ist, daß die Hunde unmittelbar am Wohnbereich des Züchters untergebracht sind. Keinesfalls dürfen sich die Zwinger so weit entfernt befinden, daß der Züchter nicht bequem jederzeit zu Fuß hingelangt. Schrebergärten, gewerbliche Gebiete etc., auf denen die Hunde nur gelegentlich betreut werden können, sind nicht dazu geeignet, menschengeprägte und vom Sozialverhalten her einwandfreie Welpen aufzuziehen.

Der Komfort einer Zwingeranlage dagegen spielt eine untergeordnete Rolle. Das Wohlbefinden der Hunde ist maßgeblich. Glauben Sie, daß sich Hunde in einem schön gekachelten Zwinger, in »Einzelhaft« pflegeleicht untergebracht, von Personal betreut, wirklich wohlfühlen?

Schauen Sie sich in jedem Fall die Mutter der Welpen an. Eine gut ernährte Hündin sieht auch mit acht Wochen alten Welpen gesund und keineswegs ausgemergelt aus. Selten besitzt der Züchter den Vaterrüden, ihn kann man meist auf Fotos bewundern.

Die Unterkunft der Hunde sollte hell, luftig, geräumig und sauber sein. Ungereinigte Futterschüsseln, Kot und Urin zeugen von mangelnder Sorgfalt. Möglichkeit zu viel freiem Auslauf muß gegeben sein. Die Welpen brauchen die Möglichkeit, neben ihrem Zwinger auch unterschiedliche Umweltgegebenheiten, wie z. B. verschiedene Bodenbeschaffenheiten (Gras, Beton, Holz, Kies usw.), kennenzulernen. Sie sollten wenigstens Ausblick auf allerlei Leben um sich herum haben und fremde Geräusche wahrnehmen können. Isoliert aufgewachsene Welpen sind später viel mehr Streß ausgesetzt, wenn die völlig neue Umgebung im neuen Heim auf sie einstürzt. Das Gehirn braucht schon früh die Möglichkeit, Erfahrungen zu sammeln, und wenn es nur das Fühlen von Gras unter den Pfoten ist.

Fragen Sie den Züchter alles, was Sie wissen wollen. Der nicht zu unterschätzende Vorteil des Kaufs bei einem engagierten Züchter im Gegensatz zum Händler oder Massenproduzenten ist, daß Sie bei allen Problemen und Sorgen im Laufe eines Hundelebens auf seine Erfahrungen und Kenntnisse zurückgreifen dürfen. Er wird Ihnen auch Fragen stellen, denn ein gewissenhafter Züchter ist bemüht, für seine Hunde den richtigen Partner zu finden.

Die Qual der Wahl

Haben Sie sich nun für einen Züchter entschieden und unter Umständen sogar einige Zeit auf den nächsten Wurf gewartet und stehen endlich vor der kleinen Meute flauschiger Teddybären mit den fragenden, noch dunkelblaugrauen Augen, zügeln Sie Ihr Entzücken. Nehmen Sie sich Zeit, die Welpen zu beobachten.

Wenn Sie mal rasch eben zur Schlafenszeit anreisen, haben Sie wenig Freude mit den faulen Burschen. Sind die Tierchen wach, spielen und fressen, können Sie schon recht gut die charakterlichen Unterschiede feststellen. Achten Sie darauf, daß die Welpen keine tränenden Augen oder Nasen haben, daß Zahnfleisch und Schleimhäute rosig sind. Die Beinchen sind fest und gerade, der Körper fest-fleischig anzufassen. Sind die Welpen mager und haben aufgeblähte Bäuche, deutet dies auf mangelnde Ernährung und Wurmbefall hin. Das Fellchen muß plüschartig und sauber sein, besonders an After und Genitalien, die Haut frei von Schuppen und Schorfen. Die Welpen sollten rundum appetitlich sein und dürfen nicht stinken.

Denken Sie daran, daß Sie Mängel in der Aufzucht bis zur 8. Woche nie wieder gutmachen können. Kaufen Sie daher von vorneherein einen bestaufgezogenen und gesunden Welpen. Neugierig und fröhlich sollen die Welpen auf Sie zutapsen und sich nicht scheu in die Ecke verdrücken oder vor Ihnen zurückweichen. Mit diesen Außenseitern werden Sie später viel Mühe haben.

Bitten Sie den Züchter, die Mutterhündin wegzusperren und die Welpen außerhalb ihres Zwingerraums beobachten zu dürfen. Beobachten Sie den ganzen Wurf. Sie sind besser beraten, einen Hund aus einem insgesamt guten Wurf auszusuchen, als den besten aus einem weniger guten. Selbst der Keckste unter ängstlichen Wurfgeschwistern kann ein Problemhund werden.

Klatschen Sie ruhig in die Hände, stellen Sie unauffällig eine größere Tasche in den Raum, bieten Sie den Welpen einen mitgebrachten Ball (natürlich sollten vorher keine anderen Welpen damit gespielt haben, oder er muß ordentlich desinfiziert werden) oder sonstiges Hundespielzeug an. Es ist interessant zu vergleichen, wie die Welpen auf Neues reagieren. Auch wenn sie ohne die Sicherheit der Mutter auf unbekanntem Gelände zunächst gehemmt wirken, sollten sie sich im Laufe der Zeit frei bewegen und ihre Umwelt neugierig erkunden, beschnuppern und spielbereit sein.

Wenn Sie einen Sporthund suchen, können Sie vorsichtig mit einem Lappen mit ihnen spielen. Welpen zeigen schon sehr früh eine gute Veranlagung zum Beutetrieb. Es ist einfacher, angeborene Triebe zu fördern, als dem Hund mühsam etwas beizubringen.

Auch die Tiere beim Füttern zu beobachten, gibt Aufschlüsse. Der überlegene, souveräne Welpe wird ohne viel Aufhebens sein Spielzeug oder Pansenstück allein durch Knurren oder Blickkontakt erfolgreich verteidigen. Der Welpe, der fletschend, knurrend und bellend hysterisch seine Geschwister abwehrt, läßt auf wenig Wesenssicherheit schließen. Welpen, die bei diesen behutsamen Tests verschreckt wirken und nicht unbefangen reagieren, sollten für einen Kauf nicht in Betracht kommen.

Ältere Menschen oder eine Familie mit Kleinkindern sollten sich einen ruhigen, ausgeglichenen Hund auswählen. Ein kleiner Rowdy ist ideal für Leute, die genug Durchsetzungsvermögen haben, es mit ihm aufnehmen, und ihn mit Konsequenz und Verständnis erziehen. Familien mit größeren Kindern sollten einen lebhaften Welpen aussuchen, der sofort auf sie zukommt und Kontakt knüpfen möchte. Der Hundesportler sucht einen lebhaften, kontaktfreudigen, spielbereiten, neugierigen Welpen aus, der schon gute Veranlagungen zum Sporthund erkennen läßt.

Wahrscheinlich spielen aber bei der Welpenwahl Sympathie und Liebe auf den ersten Blick die wesentliche Rolle. Niemals darf Sie jedoch Mitleid verführen, einen verängstigten, von seinen Geschwistern unterdrückten Welpen zu nehmen. Die Welpen üben eine gewisse Hackordnung, sie spielen Rudel, aber die Rollen werden oft vertauscht. Der, den Sie gerade als »Unterdrückten« sehen, kann morgen schon der »Unterdrücker« sein.

Es gibt aber auch regelrechte Prügelknaben, die von allen untergebuttert werden. Wenn Sie kleine Kinder in der Familie haben, beobachten Sie einen solchen Welpen getrennt von seinen Geschwistern. Wenn er sich rasch erholt, Kontakt sucht und sich aufgeschlossen und verspielt zeigt, könnte er sogar der richtige Hund für Sie sein. Ein wenig Fingerspitzengefühl gehört schon dazu.

Selbst bei sorgfältiger Auswahl der Zuchtpartner kommen immer wieder Welpen vor, die »Schönheitsfehler« aufweisen, wie z. B. Hoden- und Gebißfehler, Haar- und Farbfehler und vieles andere mehr, das die Lebensfreude und Gesundheit des Hundes nicht schmälert (Hodenfehler siehe Kapitel Gesundheit, Seite 109). Sind diese Hunde charakterlich in Ordnung, können sie dem Liebhaber, der nicht ausstellen und züchten möchte, liebenswerte Gefährten sein. Der verantwortungsvolle Züchter wird solche Welpen billiger abgeben und den Mangel im Kaufvertrag vermerken.

Vielleicht wäre es nützlich, wenn Sie einen Schäferhundkenner, z. B. einen Zuchtwart der Ortsgruppe, bitten könnten, Ihnen bei der Auswahl behilflich zu sein.

Sorgfältige Zuchtwahl und Aufzucht sind das Fundament für ein Hundeleben. Wie sich dies letztlich bewähren wird, liegt nun allein in Ihren Händen.

Züchterin und Kaufinteressentin beraten gemeinsam, welcher Welpe der geeignetere ist.

Der Kauf

Ein Schäferhundwelpe darf frühestens im Alter von acht Wochen abgegeben werden. Die Welpen sind vom Zuchtwart überprüft worden. Ins rechte Ohr wurde eine Nummer, die in der Ahnentafel erscheint, tätowiert. So kann der Hund zeit seines Lebens identifiziert werden. Bis die Ahnentafeln von der Zuchtbuchstelle des Vereins für Deutsche Schäferhunde (SV) ausgestellt werden, kann etwas Zeit vergehen. Der Züchter reicht die Ahnentafel ohne Aufpreis unverzüglich nach.

Haben Sie die Züchteradresse nicht vom SV bekommen, versichern Sie sich, daß der Züchter Mitglied im SV ist. Er wird Ihnen gerne die Adresse des Zuchtwarts geben, der bestätigt, daß die Papiere in Ordnung sind, oder Sie fragen direkt bei der Zuchtbuchstelle nach (Adresse des SV im Anhang).

Sie bekommen den Impfpaß ausgehändigt, aus dem hervorgeht, wann der Welpe die Grundimmunisierung gegen die bekannten Hundekrankheiten Staupe, Hepatitis, Leptospirose und Parvovirose, evtl. Zwingerhusten, erhalten hat. Welpen müssen vor der Abgabe entwurmt sein. Händigt Ihnen der Züchter einen Futterplan aus, halten Sie sich daran. Meist gibt Ihnen der Züchter einen kleinen Vorrat des gewohnten Futters mit, damit zum Streß des Ortswechsels nicht auch noch Verdauungsstörungen dazukommen.

Halten Sie den Kauf vorzugsweise auf einem Kaufvertragsformular des SV oder VDH fest und lassen Sie sich den Kaufpreis quittieren.

Der Weg ins neue Heim

Grundsätzlich sollte man Welpen abholen und nicht verschicken lassen. Am einfachsten ist es natürlich mit einem Auto. Doch die erste Autofahrt ist schon entscheidend dafür, ob ein Hund ein guter Autofahrer wird oder nicht. Da Hunde, die im Auto speicheln und erbrechen, eine echte Last für ihre Besitzer bedeuten, lohnt es sich, den Hund zu einem guten Autofahrer zu erziehen.

Holen Sie den Welpen in jedem Fall persönlich ab, und gestalten Sie die erste Autofahrt so angenehm wie möglich. Eine Person sollte sich ganz dem Welpen widmen. Damit der Welpe die für ihn eventuell doch schlechte Erfahrung des Verlassens der Mutter und Geschwister und die Unbill der Autofahrt nicht mit Ihrer Person verknüpft, überlassen Sie die Betreuung im Auto besser jemand anderem.

Am besten tritt der Welpe nach ausgiebigem Spiel so richtig müde die Fahrt an. Bitten Sie den Züchter, vor dem Abholen einige Stunden nicht zu füttern, und legen Sie einen Platz auf dem Rücksitz vorsichtshalber mit Zeitungen aus, falls der Welpe sich erbricht. Handtücher und Papierküchentücher sollten reichlich zur Hand sein. Im Falle einer längeren Fahrt nehmen Sie eine Flasche Wasser und einen Napf mit, damit der Welpe unterwegs trinken kann.

Daß vorsichtig und sanft gefahren wird, ist selbstverständlich. Wenn der Welpe unruhig wird und stark speichelt, halten Sie an und lassen den Welpen – nur angeleint! – schnüffeln und sich lösen. Reden Sie viel mit ihm, damit er sich nicht verlassen vorkommt.

Die ersten Stunden im neuen Heim

Wählen Sie den Zeitpunkt des Abholens so, daß Sie ein paar Tage Ruhe und Zeit haben, sich ausschließlich auf den Welpen zu konzentrieren. Besucher sind in den ersten Tagen unerwünscht, denn der Neuankömmling soll in Ruhe die neue Umgebung erkunden können. Verwirren Sie ihn dabei aber nicht, indem Sie ihm ständig etwas Neues vorführen. Zeigen Sie ihm lediglich seinen Schlaf- und Eßplatz sowie den ihm zugedachten Löseplatz.

Vermeiden Sie Kontakte mit fremden Hunden und Spaziergänge außerhalb des Grundstücks, bis der Welpe die Nachimpfungen (mit ca. 12 bis 14 Wochen) und damit den vollständigen Impfschutz erhalten hat.

Der Schlafplatz

Schaffen Sie Ihrem neuen Gefährten einen Platz in einer zugfreien, ruhigen Ecke, auf den er sich ungestört zurückziehen kann. Hunde brauchen viel Schlaf, ganz besonders der Welpe, der den Schlaf nur zum Fressen und

Am ersten Tag ist der kleine Welpe noch unsicher und sucht Schutz zwischen den Beinen des großen Menschen.

für kurze Spielperioden unterbricht. Hunde, die in einer lebhaften Familie leben und sich nicht zurückziehen können, gedeihen weniger gut und werden nervös.

Bewährt hat sich als Hundebett ein Holzrost auf ca. 20 cm hohen Beinen mit einer festen Matratze, die mit einem waschbaren Überzug versehen ist. Die Lagerstatt sollte so groß sein, daß sich der erwachsene Hund darauf ausstrecken kann. Sie können die angrenzenden Wände mit Holz verkleiden, das sieht hübsch aus und ist praktisch, weil Tapete schnell schmutzig wird.

Der kleine Welpe mag sich in einem Karton oder einer Kiste auf dem Bett, in die er sich kuscheln kann, wohler fühlen. Sofern ein gemütliches Hundebett in der dem Hund genehmen Ecke steht, wird es auch angenommen. Sie sollten ein wenig flexibel sein und einen Hund nicht dorthin zwingen, wo er sich nicht wohl fühlt.

Leider neigen junge Hunde dazu, Betten anzuknabbern, was bei Schaumstoffen, aber auch bei Weidenkörben böse Folgen haben kann. Wir haben schon erlebt, daß ein Welpe die abgekauten Stücke seines Weidenkorbes verschluckte und diese den Darm zu durchbohren drohten. Der Hund konnte glücklicherweise gerettet werden, aber es war kritisch!

Leider suchen sich Hunde besonders gerne ein kühles Plätzchen zum Ruhen. Bestehen Sie darauf, daß er wenigstens eine Decke als Unterlage akzeptiert, und legen Sie Stoffschlangen vor die Türen, um Zugluft zu vermeiden, die unweigerlich unter allen Ritzen hereinzieht. Der Platz darf sich nicht unmittelbar an der Heizung befinden. Zuviel Wärme verweichlicht den Hund.

Bitte bedenken Sie, wenn Ihr Schäferhund später einmal Ihre Wohnung bewachen soll, daß er von seinem Hundebett aus Zugang zu allen Etagen hat. Eingesperrt in Zwinger, Keller oder Küche nützt er Ihnen gar nichts. Bitte gewöhnen Sie den Welpen der Bequemlichkeit halber nicht an einen Platz, den der erwachsene Hund nicht einnehmen soll! Die Umstellung kann sehr problematisch werden.

Der Eßplatz

Legen Sie von Anfang an einen Futterplatz fest, der Ihnen praktisch erscheint. Der Boden sollte leicht zu reinigen sein, da Hunde gerne kleckern. Viele Hunde mögen weder Zuschauer noch Unruhe beim Fressen. Frißt ein Hund nicht zügig, kann es daran liegen, daß ihm der Platz nicht behagt. Versuchen Sie es an einer anderen Stelle.

Die erste Nacht

Sie wird dem Welpen zum Bewußtsein bringen, daß er seine Familie endgültig verlassen hat, und er wird nach ihr rufen. Doch erfahrungsgemäß geht die Umgewöhnung rasch vonstatten. Bringen Sie den nach einer Toberunde müden Welpen mit gutem Zureden auf sein Bett, und lassen Sie sich nicht durch Jaulen oder Winseln zurückrufen. Dieses Erfolgserlebnis würde den Welpen nur dazu verleiten, das nächstemal, wenn Sie gehen, um so heftiger zu schreien. Lassen Sie am Hundebett leise ein Radio laufen, oder stellen Sie einen tickenden Wecker hin, damit er sich nicht ganz so einsam fühlt.

Soll der Hund im Zwinger übernachten, ist es besser, wenn Sie dort mit ihm übernachten. Er kommt sich dann nicht weggesperrt vor. Und hat er den Zwinger nach ein paar Tagen erst einmal als sein Heim akzeptiert, wird er Sie nicht mehr vermissen.

Der Zwinger

Wir erwähnten schon, daß kein Hund sein Leben eingesperrt in einem Zwinger fristen sollte. Es ist aber nichts dagegen einzuwenden, wenn der Hund täglich stundenweise dort untergebracht wird, z. B. nach einem Schlechtwettergang zum Trocknen und Sauberliegen oder zum Ausschlafen nach dem Spiel.

Wenn man sich einmal nicht um ihn kümmern kann, weiß man ihn dort sicher. Er wird die Geborgenheit seines Reichs zu schätzen wissen. Voraussetzung ist, daß er ebenfalls stundenweise Zugang zur Wohnung hat und man sich ausgiebig mit dem Hund beschäftigt und viel mit ihm spazierengeht. Ihn nur mal eben für den Übungsplatz herauszuholen, ist ein trauriges Los für den intelligenten, lebhaften Schäferhund.

Der Zwinger sollte möglichst ein Hundeleben lang halten. Verzichten Sie darauf, einen billigen Verschlag zu zimmern. Legen Sie lieber das Geld für eine haltbare, sichere, professionell gebaute, zweckmäßige Anlage an. Spezialfirmen werben in Hundezeitschriften.

Der Zwinger sollte aus einem überdachten, abschließbaren Raum und Freilauf bestehen. Der Raum sollte erhöht vom Boden angelegt sein, vor Wind und Regen schützen und eine der Körpergröße des Hundes angepaßte Hütte besitzen. Wählen Sie eine mit abklappbarem Flachdach, um sie besser reinigen zu können. Außerdem lieben Hunde die Möglichkeit, ihre Umgebung von einem erhöhten Platz aus zu beobachten.

Der Auslauf sollte so groß wie möglich, eher lang als quadratisch sein und aus Naturboden bestehen. Da Hunde immer bestimmte Bahnen laufen, sollten Sie diese ausbetonieren, da sie ansonsten rasch zu unansehnlichem Morast zertreten wären. Der feste Untergrund tut den Pfoten gut, und dem Hund bleibt ein Stück Wiese. Außerdem bieten dicke Äste, eine aus großen, festzementierten Steinen bestehende Kletterburg usw. für den Hund eine willkommene Abwechslung.

Nützlich wäre eine Sandecke, in der sich der Hund lösen kann. Hat er sich daran gewöhnt, können Sie sie bequem sauberhalten und brauchen nicht im ganzen Auslauf Häufchen zusammenzusuchen. Der Zaun um den Auslauf muß stabil, am besten mit Betonsockel versehen sein, damit sich der Hund nicht drunter durchgraben kann. Er sollte mindestens 2 m hoch und fest verspannt sein, denn Hunde sind geschickte Kletterer und können einen lockeren Maschendraht im Handumdrehen zerstören. Am sichersten sind runde Metallstäbe in 6 bis 8 cm Abstand (der Kopf darf keinesfalls dazwischenpassen).

Stubenreinheit

Überlegen Sie frühzeitig, wo Ihr Hund sein Geschäft verrichten soll. Bequem ist natürlich der Garten, aber die Haufen eines Schäferhundes tragen nicht gerade zur Verschönerung bei. Urin verbrennt den Rasen und läßt so manches Gewächs eingehen. Wenn Ihr Garten groß genug ist, legen Sie einen festen Löseplatz an, den Sie mit Sand oder Kies aufschütten und leicht sauberhalten können. Ab und zu graben Sie Sand und Kies ab und füllen neu auf, um für die nötige Hygiene zu sorgen und als Vorbeugung gegen die Verbreitung von Würmern.

Wenn Sie in freier Natur wohnen, führen Sie den Hund besser aus. Allzu weit darf der Löseplatz aber nicht entfernt sein, denn er muß bei jedem Wetter, Tag und Nacht rasch zu erreichen sein. Machen Sie Ihre Nachbarn nicht zu Hundefeinden, indem Sie deren Vorgärten oder gar den Bürgersteig benutzen! Der Löseplatz darf niemanden stören.

Gewöhnen Sie den Welpen ab dem ersten Tag an den von Ihnen ausgewählten Platz. Sorgen Sie dafür, daß er möglichst rasch dort seine Duftmarke, sprich Häufchen und Bächlein, absetzt, denn dann wird er immer wieder gerne dorthin gehen. Hat er sich einmal daran gewöhnt, nach Gutdünken den Garten zu benutzen, wird er auch auf ausgedehnten Spaziergängen einhalten, bis er wieder zu Hause an seinem vertrauten Ort ist.

Wie schnell Ihr Welpe stubenrein wird, hängt von Ihrer Aufmerksamkeit ab, ebenso wie von seiner bisherigen Lebensweise. Auf engstem Raum aufgezogene Welpen, die keinen separaten Löseplatz hatten, werden sehr schlecht stubenrein.

Wenn Sie aufpassen, können Sie es in 48 Stunden schaffen! Füttern Sie die letzte Mahlzeit wenigstens vier Stunden vor dem Schlafengehen, so daß sich der Welpe vorher noch einmal lösen kann und die Nacht durchschläft. Verhindern Sie, daß er frei in der Wohnung herumwandert. Sonst findet er in einer geschützten Ecke ein ihm genehmes Plätzchen, von dem Sie ihn dann mühsam abbringen müssen!

Nach jedem Aufwachen, Fressen und wann immer er suchend hin und her läuft, ist ein Geschäftchen fällig. Nehmen Sie ihn hoch und befördern Sie ihn schleunigst auf seinen Löseplatz. Geduld, er kann vor Schreck sein Vorhaben vorübergehend vergessen. Hat er sein Geschäft gemacht, wird er gelobt und mit einem Leckerbissen belohnt. Jetzt befindet sich dort seine erste Duftmarke, und der wichtigste Schritt ist getan.

Ist das Malheur doch einmal in der Wohnung passiert und Sie ertappen den Welpen unmittelbar dabei, schimpfen Sie mit einem heftigen »Pfui« und bringen den Welpen rasch auf seinen Löseplatz. Tunken Sie niemals das kleine Wesen mit der Nase in sein Mißgeschick, und strafen Sie nie für eine Missetat, wenn Sie den Welpen nicht unmittelbar dabei erwischen. Der Welpe begreift höchstens, daß er den Platz für sein Geschäft falsch gewählt hat, und wird immer erfinderischer, seine Geschäfte im Haus vor Ihnen zu verstecken. Er kann in seiner hundlichen Denkweise die Strafe nicht mit einer vergangenen Tat verknüpfen. Sie verwirren den Hund und zerstören das aufkeimende Vertrauen zu Ihnen, das unter allen Umständen gehegt und gepflegt werden muß und die Grundlage für das weitere Zusammenleben ist.

Fehler, die Sie jetzt machen, sind oft schon das Ende einer kaum begonnenen Freundschaft. Entfernen Sie das Mißgeschick ohne Aufhebens und Kommentar. Pfützchen entfernt man aus Teppichen geruch- und fleckenlos durch Aufsaugen mit einem Papierküchentuch und anschließendes Abreiben mit Essigwasser.

Halsband und Leine

Für den Welpen besorgen Sie sich ein normales Lederhalsband, das entsprechend der Halsweite geschnallt wird, so daß der Hund nicht herausschlüpfen kann, sich aber auch den Hals nicht zuzieht. Der etwa 4 Monate alte Hund kann schon seine grobgliedrige Kette tragen, die so eingehakt werden kann, daß sie paßt, sich aber nicht zuzieht. Die Kette »wächst« mit, und der junge Hund ist stets sicher.

Korallen- oder Stachelhalsbänder sind nur angebracht, wenn versäumt wurde, den jungen Hund »bei Fuß« zu erziehen. Die stumpfen Stacheln bohren sich, wenn der Hund an der Leine zerrt, in den Hals, zwar ohne ihn zu verletzen, aber doch schmerzhaft genug, um das Zerren zu verleiden. Deshalb ist das Korallenhalsband höchstens zu Erziehungszwecken umzulegen. Wenn ein erwachsener Hund am Stachelhalsband geführt wird, was man leider viel zu häufig sieht, spricht das nur für die Unfähigkeit des Besitzers, mit dem Hund richtig umzugehen.

Kaufen Sie eine stabile, zwei Meter lange Lederleine mit eingearbeitetem Griffstück hinter dem Karabinerhaken, deren Ende sich in verschiedene Ringe einhaken läßt. So haben Sie den Hund stets sicher im Griff und können die Leine verlängern.

Spielzeug

Spielphasen sind für die Entwicklung des Junghundes außerordentlich wichtig. Grundsätzlich sollte man alles, was auch einem Kleinkind gefährlich werden könnte, vom Junghund fernhalten. Das gilt besonders für Elektrokabel, Stofftiere, deren Glasaugen leicht abgehen und verschluckt werden können, Plastikstückchen und vieles andere mehr. Welpen scheinen ständig auf der Suche nach gefährlichen Dingen zu sein, und man kann nicht genug aufpassen. Mancher Welpe starb oder konnte nur durch Operation in letzter Sekunde gerettet werden, nachdem er Strumpfhosen, Plastiktüten, Nägel oder zu kleine Bälle verschluckt hatte.

Es lohnt sich also, das Hundespielzeug mit Verstand zu wählen. Meiden Sie alles aus Plastik, was nicht eigens als Hundespielzeug produziert wurde, und auch dabei raten wir zur Vorsicht. Welpen lieben alte Schuhe ohne Schnallen und anderen Zierrat aus Metall oder Kunststoff. Es wäre dagegen auch nichts einzuwenden, aber wie machen Sie dem Welpen klar, daß Ihre neuen Schuhe verschont bleiben müssen? Geben Sie dem Welpen also nur Dinge, die er wirklich haben und kaputtmachen darf.

Herrlich ist ein verknotetes Stück Jutesack, das mit zunehmender Größe des Hundes auch umfangreicher wird, Büffelhautknochen, komplette Rinderschenkelknochen vom Metzger, Hörner oder Hufe vom Rind, der Gummireifen einer alten Schubkarre (ohne Metallteile), ein altes Handtuch zum Zerfetzen. Auch Fellreste, Lebensmittelkartons (mit lebensmittelechter Farbe bedruckt und ohne jegliche Plastikzusätze) und Hartholzstücke (kein ungehobeltes, splitterndes oder chemisch behandeltes Holz) bieten dem Welpen Abwechslung, bis seine neuen Zähne durchgebrochen sind und das zwanghafte Nagen von selbst aufhört.

Je reichlicher das Angebot, um so geringer die Gefahr, daß sich der Kleine an Teppichen oder Möbeln vergreift. Am besten schaffen Sie eine Spielzeugkiste an, in die gerade nicht gebrauchtes Spielzeug aufgeräumt wird. Wenn Sie den Hund nicht unter Aufsicht haben, geben Sie ihm wirklich nur Dinge, die absolut ungefährlich sind. Bälle z. B. sollten nur zum aktiven Spielen mit Ihnen verwendet werden und nicht als Kaugegenstände dienen dürfen (siehe auch das Kapitel »Erziehung«).

Alleinbleiben

Jeder Hund muß lernen, stundenweise alleine in der Wohnung zu bleiben, ohne Krach zu machen, Möbel auseinanderzunehmen oder Teppiche anzufressen. Beginnen Sie das Training mit dem etwa zehn Wochen alten Welpen. Wenn das kleine Kerlchen so richtig hundemüde ist und mit seinem Spielzeug oder einem frischen Kauknochen in seinem Körbchen liegt, schließen Sie die Tür und lassen ihn allein.

Bleibt er ruhig, kommen Sie nach einiger Zeit wieder herein, und ist er wach, loben und belohnen Sie ihn. Macht er Theater, gehen Sie keinesfalls zu ihm. Er hätte dann ja erreicht, was er wollte, und empfindet Ihr Zurückkommen, auch wenn Sie schimpfen, als Belohnung für sein Quengeln. Warten Sie wenigstens einige Sekunden, bis er mal gerade nicht wimmert, gehen dann hinein, loben und belohnen.

Dehnen Sie die Dauer Ihrer Abwesenheit weiter aus, gewöhnen Sie den Hund dabei an bestimmte Worte: »Bleib schön da, ich komme ja wieder« oder ähnliches. Hat er begriffen und können Sie ziemlich sicher sein, daß er nicht weint, lassen Sie ihn mit den Begleitworten auch dann alleine, wenn er lieber spielen oder ausgehen würde.

Wenn er während Ihrer Abwesenheit im Zimmer, aber Anwesenheit in der Wohnung still ist, gehen Sie auch aus dem Haus. Denken Sie daran, dem feinen Hundeohr entgeht nichts! Er hört, ob Sie nur auf der Außentreppe stehenbleiben oder wirklich weggehen. Jedenfalls üben Sie dies schon sehr früh ganz gezielt, dann gibt es später keinen Ärger.

Steuer und Versicherung

Hunde sind steuerpflichtig. Melden Sie den Welpen ab dem 3. Monat bei Ihrer Gemeinde- oder Stadtverwaltung an. Bei mehreren Hunden kommt unter bestimmten Voraussetzungen die ermäßigte Zwingersteuer zur Anwendung.

Schließen Sie in jedem Fall eine Hundehaftpflichtversicherung ab. Weniger wegen des Risikos, daß Ihr Hund jemanden beißen könnte; aber Ihr Hund könnte in einen Unfall verwickelt werden, an dessen Folgekosten Sie Ihr Leben lang zu tragen hätten.

Hund und Auto

Das Auto ist für uns zum selbstverständlichen Transportmittel geworden, und ein Hund, der sabbert, erbricht oder ununterbrochen im Auto herumtobt, ist eine ständige Belastung. Übelkeit kann man vermeiden, indem der Hund gar nicht erst Gelegenheit bekommt, sich übel zu fühlen: Heben Sie den jungen Hund stets ins Auto hinein und aus dem Auto heraus. Erstens sollen junge Hunde nicht springen, zum zweiten darf ein Hund grundsätzlich nur auf Kommando das Auto verlassen, um sich und andere nicht zu gefährden.

Weisen Sie dem Hund von Anfang an seinen Platz im Fahrzeug zu. Ideal ist natürlich ein Kombi, wo dem Hund die Ladefläche zur Verfügung steht und der Personenraum durch ein Trenngitter abgeteilt ist. Legen Sie die Ladefläche mit einem rutschfesten Teppich aus. Haben Sie keinen Kombi, gewöhnen Sie den Hund an einen bestimmten Platz auf dem Rücksitz. Es gibt Sicherheitsgurte für Hunde, damit sie bei heftigem Bremsen nicht nach vorne stürzen. Legen Sie den Platz vorsichtshalber mit alten Tüchern und Papier aus, damit ein Malheur problemlos entfernt werden kann. Aufgeregte Hunde können zu Durchfall neigen. Wenn es passiert ist, machen Sie alles ohne Aufhebens weg, vor allen Dingen zeigen Sie dem Hund keinen Unmut. Er kann wirklich nichts dafür und würde schon aus Angst, Ihren Zorn zu erregen, das nächstemal mit mulmigem Magen ins Auto steigen.

Die ersten Fahrten sollten nur wenige Minuten dauern (ausgenommen möglicherweise das Abholen vom Züchter). Fahren Sie vorsichtig, und nehmen Sie die Kurven sanft. Fahren Sie niemals unmittelbar nach dem Füttern. Jede Autofahrt sollte mit einem freudigen Ereignis enden, z.B. einem Spaziergang mit Spielrunde oder Besuch beim Metzger mit schmackhaften Leckerbissen als Belohnung. Fahren Sie zur Gewöhnung zum nächsten Wald- oder Feldweg, ehe Sie spazierengehen.

Sollte Ihr Hund im Auto herumtoben, belohnen Sie ihn nie, indem Sie anhalten und aussteigen. Erst wenn er zur Ruhe gebracht wurde, anhalten. Und wenn er nur Sekunden still war. Er muß wissen, daß Randale Sie nicht beeindrucken kann. Ganz hartnäckige Rowdys bringt man mit einem kleinen Trick zur Ruhe. Suchen Sie sich einen unbefahrenen Weg und fahren Sie gerade schnell genug, um heftig bremsen zu können. Macht der Hund richtig Krach und tobt, bremsen Sie abrupt, so daß er seinen Halt verliert. Das ist ihm unangenehm, und nach wenigen Übungen hat er gelernt, sich im Auto ruhig zu verhalten.

Wenn Ihr Hund trotz sorgfältigem Heranführen an das Autofahren sabbert und erbricht, sprechen Sie mit Ihrem Tierarzt. Evtl. können Reisetabletten helfen. Einige Hundebesitzer hatten Erfolg mit Elektroableitern, die unter dem Wagen auf der Fahrbahn schleifen.

Bei warmem Wetter lassen Sie den Hund möglichst nicht im Auto; selbst im Schatten und bei spaltbreit geöffnetem Fenster kann sich ein Hitzestau entwickeln, der dem Hund zur Qual wird. Hunde brauchen mehr Sauerstoff als Menschen, und da sie nicht schwitzen können wie wir (sie hecheln zur Abkühlung), sind schon viele Hunde einem Hitzschlag erlegen. Praktisch sind Spezialtrenngitter für Autofenster, die verhindern, daß man ins Auto hineinfassen oder der Hund den Kopf herausstrecken kann, jedoch Frischluftzufuhr ermöglichen. Parken Sie im Schatten, und bedenken Sie den Lauf der Sonne, damit der Wagen auch im Schatten bleibt!

Hund und Urlaub

Nehmen Sie Ihren Hund mit, müssen Sie einen Ort wählen, der auch Ihrem Hund zuzumuten ist. Einen reinen Badeurlaub in Südeuropa sollte man dem Hund ersparen. Stundenlang am heißen Strand zu verbringen ist genauso Quälerei wie stundenlanges Warten im Hotelzimmer oder gar im Wohnwagen. An den meisten Badestränden ist die Anwesenheit von Hunden während der Saison ohnehin untersagt.

In weniger heißen Gefilden lieben Hunde ausgedehnte Strandspaziergänge und Schwimmen im Meer. Erkundigen Sie sich vorher, ob es Hundestrände gibt. Bei einem Hotelurlaub sollten Sie den Hund unbedingt vorher anmelden, um keine unangenehme Überraschung zu erleben. Bei einem großen Deutschen Schäferhund kann sich die Hotelleitung ablehnender verhalten als bei einem Yorkshire Terrier. Ideal wäre natürlich ein Ferienhaus mit Garten, aber auch hier, ebenso wie auf Campingplätzen, Hunde immer vorher anmelden.

Ins Hundegepäck gehören Handtücher, Striegel, Zeckenzange, Futterschüsseln, soweit möglich das gewohnte Futter und die Hundedecke. Unterwegs immer frisches Wasser mitnehmen!

Zwei Monate vor Antritt einer Auslandsreise erkundigen Sie sich beim Reisebüro, ADAC, Tierarzt oder Konsulat nach dem neuesten Stand der Einreisebestimmungen für Hunde. Fast überall ist eine Tollwut-

schutzimpfung erforderlich, die nicht jünger als 30 Tage und nicht älter als ein Jahr sein darf. Manche Länder verlangen zusätzliche Impfungen, in wieder anderen herrscht Maulkorbzwang (gewöhnen Sie Ihren Hund frühzeitig an das Tragen eines Maulkorbs).

Üblicherweise wird man per PKW reisen. Der gute Rat, oft Pausen zu machen, entfällt natürlich bei routinierten Reisehunden, die stundenlang durchschlafen können. Wird der Hund unruhig, steuern Sie den nächsten Parkplatz an.

Hunde dürfen in der Bundesbahn im Abteil reisen. Im Schlafwagen muß man das ganze Abteil buchen.

Flugreisen mit Hund sind auch kein Problem mehr. Sie werden, in speziellen Transportkisten (sie sind zwar nicht billig, aber auch im täglichen Leben oft nützlich) sicher untergebracht, im klimatisierten Gepäckraum befördert. Unterwegs genießen die Hunde eine freundliche, zuvorkommende Behandlung. Man muß zeitig vor Reiseantritt buchen und die Transportkiste frühzeitig kaufen, damit sie der Hund als angenehme Wohnhöhle zu schätzen lernt. Hat er sie akzeptiert, wird er sich in ihr sicher fühlen, wenn all die unbekannten Eindrücke der Flugreise auf ihn einstürmen.

KAPITEL 4

Die Fütterung des Schäferhundes

Links:
Hunde lieben es, am Strand zu spielen, wenn es erlaubt und nicht zu heiß ist.

Die Probleme der Hundeernährung beruhen weniger auf mangelhafter Kost als auf Überfütterung, wobei die Symptome oft die gleichen sind. Heute, im Zeitalter der Fertigkost, macht man uns das Füttern so leicht. Trotzdem scheinen viele Hundehalter mit dem Fertigfutter nicht zurechtzukommen. Man »sieht« ja schließlich nicht, was man seinem Hund gibt. Vielleicht resultiert daraus eine Art »schlechtes Gewissen«, das die Hundehalter veranlaßt, den Packungsaufschriften nicht das rechte Vertrauen zu schenken und dem Hund etwas Gutes tun zu wollen, indem sie alle möglichen Zusatzmittelchen geben oder noch einen ordentlichen Batzen Fleisch drauflegen!

Hund und Besitzer bezahlen diese Inkonsequenz teuer – denn der Hund wird krank, bekommt z. B. Ekzeme, Haarprobleme, Leber- und Nierenbeschwerden, Knochenveränderungen etc. Bitte befassen Sie sich ein wenig mit der Ernährung Ihres Schäferhundes, wenn Sie viele Jahre lang Freude an einem gesunden Hund haben wollen!

Der Hund ist von Hause aus Fleischfresser, was aber nicht bedeutet, daß er sich ausschließlich von Fleisch ernähert. Ahnherr Wolf bricht zuerst beim Beutetier, das in aller Regel ein Pflanzenfresser ist, die Bauchdecke auf und frißt die Innereien, insbesondere Magen und Darm mitsamt den halb- oder ganz verdauten pflanzlichen Inhalten. Erst dann macht er sich über das Muskelfleisch her, später frißt er die Haut, und ganz zum Schluß werden die Knochen abgenagt und kleinere Knochen und Knorpel gefressen. Kleine Beutetiere wie Mäuse und Kaninchen verschlingt er mit Haut und Haar.

Hätten unsere Hunde die Gelegenheit, würden sie sich nicht anders verhalten. Ebenso wie der Wolf nehmen sie Beeren und Pilze auf, und jeder Hundebesitzer kann beobachten, wie gerne Hunde Obst mögen und sogar vor Fallobst nicht zurückschrekken (Vorsicht – Wespenstichgefahr!). Aus dem natürlichen Freßverhalten des Hundes sollten wir lernen.

Der Hund braucht Fleisch, aber nicht nur. Und dank seiner Anpassungsfähigkeit an die Lebensverhältnisse des Menschen kann er sehr gut mit einem recht großen Anteil Getreidekost leben, ja er braucht diese Kohlenhydrate. Bei unseren Hausgenossen, die körperlich eher zuwenig beansprucht werden – auch einem Schäferhund in Ausbildung werden kaum die Leistungen abverlangt, die er zu bringen imstande wäre oder die dem arbeitenden Hütehund abgefordert werden –, können wir beim erwachsenen Tier ein Verhältnis von $^{1}/_{3}$ Frischfleisch und $^{2}/_{3}$ Getreidekost rechnen. Für im Wachstum befindliche Hunde, tragende und säugende Hündinnen sowie aktive Deckrüden und sportlich stark beanspruchte Hunde gilt in der Regel $^{2}/_{3}$ Fleisch und $^{1}/_{3}$ Getreidekost.

Sie sollten sich entscheiden, ob Sie auf Frischfutterbasis füttern wollen oder sich voll und ganz den Herstellern von Fertigfuttern anvertrauen. Sie können durchaus abwechseln, aber niemals mischen. Das heißt: Es ist in jedem Fall praktisch, einen Hund an Fertigfutter zu gewöhnen, aber dann darf er nur das bekommen und keinerlei Zusätze! Sie können eine Zeitlang Fertigfutter geben und dann wieder ein paar Wochen lang auf Frischfutter umstellen, aber mischen Sie niemals unter das Frischfutter Fertigfutter (ausgenommen vorübergehend bei Futterumstellung)!

Wasser ist lebenswichtig für den Hund.

Wasser

Wasser ist unser Lebenselixier. Jeder weiß, daß man ohne Nahrung relativ lange überleben kann, ohne Wasser jedoch nicht. Alle Körperfunktionen und die Körpersubstanz sind abhängig vom Wasser. Leider hört man selbst von erfahrenen Schäferhundezüchtern, daß man Hunde nur ja nicht viel trinken lassen dürfe, weil es die Tiere aufschwemme und sie zu »Säufern« erzogen würden, was immer auch damit gemeint sein mag. Wer seinen Hund nur mit gering dosierten Wassergaben bedenkt, ist schlichtweg ein Tierquäler und sollte gleiches erst einmal an sich und seiner Familie ausprobieren, um sich eine Vorstellung davon zu machen, was er seinem Hund antut!

Ein gesunder Hund wird nie zuviel trinken. Deshalb muß frisches Trinkwasser in sauberen Gefäßen *immer* für den Hund zugänglich sein. Das gilt insbesondere bei der Ernährung auf Trockenfutterbasis. Selbst gründlich eingeweichtes Trockenfutter nimmt nicht seinen ursprünglichen Wassergehalt auf. Auf Dauer entzieht die Trockennahrung dem Körper Wasser und führt zu chronischen Nierenerkrankungen, die allzu frühen Leistungsabfall und Tod für den Hund bedeuten. Lassen Sie sich nicht von hartnäckig festsitzenden Ammenmärchen beeindrucken – geben Sie immer reichlich frisches Wasser.

Frischfutter

Ernähren Sie Ihren Hund auf Frischfutterbasis, so müssen Sie ihn abwechslungsreich füttern, um sicherzugehen, daß alle Nährstoffe, Vitamine und Mineralstoffe enthalten sind, die der Körper zur Gesunderhaltung braucht.

Abwechslungsreich zu füttern bedeutet nicht, daß man dem Hund all die verschiedenen Nahrungsmittel in einem Topf vermischt. Im Ablauf von einigen Tagen sollte er von jedem etwas bekommen. Es bleibt Ihnen überlassen, ob Sie Getreidekost und Fleisch zusammen in einem handwarmen, festen Brei reichen oder lieber morgens einige Scheiben Vollkornbrot mit Margarine bestrichen geben, mittags Hundekuchen und abends Fleisch.

Nach unserer Erfahrung hat sich die sogenannte Trennkost – also rohes Fleisch und Getreidekost getrennt zu füttern –, am besten bewährt, insbesondere weil Hunde nach dem abendlichen Fleisch ruhig schlafen und sich nachts nicht lösen müssen. Die meisten Hunde fischen ohnehin die Fleischbröckchen heraus und schütteln die Flocken geschickt ab!

Eiweiß (Proteine) braucht der Körper zum Aufbau und Erhalt der Körpersubstanz. Der hundliche Verdauungstrakt ist dazu prädestiniert, seinen Eiweißbedarf aus tierischem Eiweiß zu decken. Anpassungsfähig wie der Hund ist, kann er auch mit pflanzlichem Eiweiß leben, wie es in großen Teilen im Fertigfutter enthalten ist (z. B. Mais, Soja), aber die natürlichste Eiweißquelle ist tierischer Herkunft.

Fleisch bedeutet alle Teile von Schlachttieren, Kaninchen, Wild und Geflügel; auch Fisch ist gut. Es wird roh oder überbrüht gefüttert. Rohes Fleisch darf ruhig schon etwas »angegangen« sein, das schadet dem Hund nicht, im Gegenteil, viele lieben es dann erst richtig. Aber niemals verdorbenes *gekochtes* Fleisch oder angesäuertes Futter geben! Dort werden bei der Verwesung Giftstoffe freigesetzt, die den Hund genauso krank machen wie uns. Dies unterscheidet sich vollkommen vom normalen Zersetzungsprozeß, dem rohes Fleisch natürlicherweise unterliegt!

Schweinefleisch in jeglicher Form sollte vom Futterplan gestrichen werden, nicht nur wegen der für den Hund (nicht für den Menschen) tödlichen Aujeszkyschen Krankheit, sondern auch wegen der Histamine, die zu Hautproblemen führen können. Vorsicht bei Rohfleischfütterung, wenn die Herkunft nicht bekannt ist! Auch Rindfleisch kann infiziert sein, wenn es mit Aujeszky-befallenem Schweinefleisch in Berührung kam. Um den Virus abzutöten, müßte das Fleisch gründlich durchgekocht werden, Überbrühen reicht da nicht aus – und verkochtes Fleisch hat für den Hund natürlich nicht annähernd den Ernährungswert wie rohes Fleisch.

Wild sollte man nur füttern, wenn es für den menschlichen Genuß freigegeben ist. Geflügel, besonders tiefgefrorenes, wegen der Salmonellengefahr abkochen! Gekochtes Geflügel und Kaninchen müssen sorgfältig entbeint werden, denn die gegarten Knochen splittern. Dieses Fleisch eignet sich besonders als Anreiz für schlechte Fresser.

Hammelfleisch und Innereien ergeben ebenfalls ein gutes Hundefutter. Rohe Leber, Milz und Lunge haben jedoch eine abführende Wirkung, daher besser gekocht reichen. Lunge eignet sich gut als Diätfutter für dicke Hunde, denn sie füllt den Magen, hat aber kaum Nährwert. Nieren weisen als Ausscheidungsorgane häufig einen besonders hohen Anteil an Schadstoffen auf, daher nur gelegentlich gekocht und in kleinen Mengen füttern, wenn nötig.

Frischer, grüner Pansen ist für jeden Hund ein wertvolles Zufutter, ihn kleinzuschneiden ist allerdings kein schönes Geschäft, denn er stinkt fürchterlich. Man kann ihn aber in Hundefutterfachgeschäften zerkleinert und eingefroren kaufen, es gibt ihn auch in Dosen eingemacht (ohne andere Zusätze). Als alleiniges Fleischfutter reicht Pansen nicht aus!

Am praktischsten, sauber und mit geringem Aufwand kann man füttern, indem man alle möglichen Fleischsorten in größeren Mengen einkauft (z. B. Suppenfleisch vom Rind, Kopffleisch, Herz, Leber, Pansen, Euter, Lunge, Milz, Geflügelinnereien, usw.), in Brocken schneidet, vermischt und portionsweise einfriert. Vielerorts gibt es inzwischen Hundefutterfachgeschäfte, die Frischfleisch sortiert, gemischt und portionsgerecht verpackt anbieten.

Tiefkühlkost wird grundsätzlich vollständig aufgetaut und durch und durch wenigstens in normaler Zimmertemperatur bis »schnauzenwarm« gereicht. Selbst Kühlschranktemperatur oder im Winter aus einem ungeheizten Raum gefüttert, ist zu kalt und führt leicht zu Verdauungsstörungen.

Selbstverständlich bekommt der Hund niemals geräucherte, gepökelte und scharf gewürzte Fleischteile.

Wichtig beim Fleischfüttern

- Rohes Fleisch nur aus bekannter Quelle füttern.
- Schweinefleisch gehört nicht ins Hundefutter (tödliche Aujeszkysche Krankheit)!
- Immer abkochen: Geflügel (Salmonellengefahr), Fisch, Leber, Milz und Lunge (abführende Wirkung).
- Gekochtes Fleisch muß immer frisch sein, nur rohes Fleisch darf »riechen«.

Rohe Kuhmilch ist kein brauchbares Nahrungsmittel, da erwachsene Hunde den Milchzucker (Laktose) schlecht verdauen können und Durchfall bekommen. Laktosearme Milchprodukte (mit ca. 2,5% Laktose), gesäuerte Milch in Form von Buttermilch, Yoghurt, Kefir, Quark, Hüttenkäse, aber auch Molke sind hervorragende, leichtverdauliche Eiweißlieferanten.

Ei ist eine besonders hochwertige Eiweißquelle. Rohes Eiklar zerstört allerdings das wertvolle Biotin (aus dem Vitamin-B-Komplex) im Körper, Eiweiß darf deshalb nur gekocht gereicht werden. Hin und wieder ein gekochtes Ei oder rohes Eigelb unters Futter mischen.

Fisch, der sorgfältig entgrätet sein muß, bietet eine willkommene Abwechslung, sollte aber hitzebehandelt werden (kochen, dünsten), da roher Fisch Durchfall verursachen kann. Hin und wieder ein Bückling ist ein besonderer Leckerbissen und soll zu einem schönen, glänzenden Fell beitragen.

Gut ernährt und fit bis ins hohe Alter – diese 8jährige Hündin springt begeistert nach einer Handvoll hochgeworfenem Gras.

Fette

Schneiden Sie nicht grundsätzlich alles Fett vom Fleisch ab. Zu fettes Fleisch kocht man ab und hebt die Fettschicht von der erkalteten Brühe ab (Brühe zum Futter geben, da sie wertvolle Stoffe enthält, Fett im Kühlschrank aufbewahren und portionsweise wieder zum Futter geben). Der Hund braucht Fett, einmal als Energielieferant und zum anderen, weil einige Vitamine fettlöslich sind und nur im Zusammenhang mit Fett vom Körper aufgenommen werden können. Am besten geben Sie täglich einen Eßlöffel kaltgepreßtes Färberdistelöl unters Futter. Es ist reich an wertvollen ungesättigten Fettsäuren. Ranziges Fett zerstört jedoch die Vitamine. Deshalb Vorsicht bei der Lagerung von größeren Mengen!

Hände weg von Lebertran, er enthält zuviel Vitamin D.

Kohlenhydrate

Kohlenhydratquellen sind z. B. brauner, ungeschälter Reis, Haferflocken, altbackenes Vollkornbrot, Graupen, Nudeln, Hundekuchen, Beifutterflocken (Vorsicht – nicht mit Flockenvollnahrung verwechseln, die Fleisch enthält). Der Hund kann pflanzliche Kost nicht roh verdauen, sondern sie muß gekocht werden (Ausnahmen bilden Beifutterflocken und Vollkornbrot).

Wertvoller Bestandteil für die Verdauung sind die Ballaststoffe der Getreidekost.

Gemüse

Es ist auch für den Hund gesund (nur nicht die blähenden Sorten, z. B. Kohl). Brühen Sie das ungewürzte Gemüse ab, und geben Sie es, im Mixer püriert, unters Futter. Petersilie, Möhren, Zwiebel und Knoblauch können roh püriert unters Futter gemischt werden.

Vitamine und Mineralstoffe

Sie sind unerläßlich für alle Körperfunktionen und müssen mit der Nahrung zugeführt werden.

In Fleisch und besonders in Fisch ist verhältnismäßig viel Phosphor, jedoch wenig Kalzium enthalten. Deshalb müssen Sie bei Frischfütterung zusätzlich Kalzium und Vitamine, vor allem aus dem Vitamin-B-Komplex (am einfachsten über Bäckerhefe) reichen. Vitamin B sorgt u. a. für schönes Haar und gesunde Haut, ein Überschuß richtet keinen Schaden an.

Im Zoofachhandel und in Apotheken bekommen Sie ungereinigtes oder gereinigtes (teurer) Kalziumkarbonat, das sich bei unserer Hundehaltung hervorragend bewährt hat. Zuviel Kalzium spielt in der Praxis kaum eine Rolle. Der Junghund bekommt täglich wenigstens 0,5 g, der erwachsene Hund wenigstens 0,25 g pro Kilo Körpergewicht. Bei im Handel angebotenen kombinierten Vitamin-Kalzium-Präparaten auf ein möglichst weites Kalzium/Phosphor-Verhältnis achten (mind. 2:1). In der Nahrung ist das optimale Verhältnis von Kalzium und Phosphor 2 Teile Kalzium zu 1 Teil Phosphor.

Vorsicht, viele Vitaminpräparate enthalten – wenn man nach der Gebrauchsanweisung dosiert – zuviel Vitamin A und D; die durch eine Überdosierung hervorgerufene Knochenerkrankung ist dieselbe wie bei der Phosphorüberdosierung (Vitamin A-Bedarf 220/E beim wachsenden, 110/E beim erwachsenen Hund, Vitamin D-Bedarf 22/E bzw. 11/E, jeweils pro kg Körpergewicht am Tag). Vitamin A kommt z. B in Karotten, Äpfeln, Leber, Milch und Eigelb vor. Mangelkrankheiten sind erhöhte Krankheitsanfälligkeit, Verhornungserscheinungen der Schleimhäute und Hautveränderungen. Eine Überdosierung führt zu Knochenveränderungen.

Vitamin D kommt vor allem in Leber, Eigelb und Milchprodukten vor und wird unter Einfluß von Sonnenlicht (UV-Strahlen) gebildet. Die D-Vitamine fördern die Aufnahme von Kalzium und Phosphor im Darm. Mangelkrankheiten sind Skelettschäden (Rachitis) sowie Veränderungen des Zahnschmelzes, was heute aber sehr selten vorkommt. Rachitische Erscheinungen beruhen heute meist auf Hormonstörungen, wobei zusätzliche Gaben von D3 den Zustand noch verschlimmern! Überdosierung äußert sich in Blutgefäßschäden, Lungenverkalkung, Knochenentkalkung! Schon eine geringe Überdosierung von Vitamin D führt dazu, daß Knochengewebe abgebaut wird, und zu Gefäßverkalkungen. Viele Vitaminpräparate enthalten das billige Vitamin D in großer Menge. Mit Vigantol, Lebertran und Vitamingaben, noch dazu, wenn man eher großzügig damit umgeht, kann man den Hund krank machen!

Eine wertvolle Quelle für Vitamine, Phosphor und ungesättigte Fettsäuren sind Haselnüsse, die Hunde – natürlich geschält – gerne fressen. Ein kompletter pürierter Apfel täglich trägt zur Vitaminversorgung bei, und die Fruchtsäure verhindert Zahnsteinansatz. Rohes Eigelb liefert wertvolle Vitamine. Wichtig ist, daß Sie dem Frischfutter immer eine Prise Meer- oder Jodsalz beifügen.

Mit oben beschriebener Kost dürfte Ihr Schäferhund alles bekommen, was er braucht, um bestens zu gedeihen. Bei einigen Hunden kann der Stoffwechsel so veranlagt sein, daß trotz abwechslungsreicher Kost Mangelerscheinungen auftreten, weil der Körper bestimmte Dinge nicht richtig weiterverarbeitet. Lassen Sie den Mangel durch den Tierarzt gezielt feststellen, und experimentieren Sie nicht selbst herum.

Vitamine auf einen Blick

A: Unentbehrlich für Haut- und Schleimhautstoffwechsel; enthalten in Karotten, Äpfel, Leber, Milch und Eigelb. Mangelerscheinung: Krankheitsanfälligkeit, Verhornung der Schleimhäute, Hautveränderungen. Bei Überdosierung Knochenveränderungen.

B-Komplex: Nötig für Fett-, Eiweiß-, Kohlehydrat- und Allgemeinstoffwechsel; enthalten in Hefe, Milchprodukten und Leber. Mangelerscheinungen: vielfältig und sehr unterschiedlich, sichtbare Pigmentstörungen, Haarausfall, Hautveränderungen, schlechte Fellqualität.

C: Ascorbinsäure, notwendig für Stoffwechel des Bindegewebes und vieles andere. Wird vom Hund selbst erzeugt; durch Krankheiten (Durchfall, starker Wurmbefall) bedingte Mängel können eine Zufütterung erfordern. Mangelerscheinungen: Bindegewebsschwäche, Entkalkung gewisser Knochenbereiche.

D: Fördert die Aufnahme von Kalzium und Phosphor im Darm. Enthalten in Leber, Lebertran, Eigelb und Milchprodukten, benötigt zur Wirksamkeit Sonnenlicht. Unterversorgung bei schweren Leber- und Nierenerkrankungen. Mangelerscheinung: Rachitis. Achtung: Bei hormonell bedingten rachitischen Skelettveränderungen nie Vitamin D geben. Vermeintliche Rachitis erst vom Arzt abklären lassen! Bei Überdosierung Blutgefäßschäden, Lungenverkalkung, Knochenentkalkung. Schäden durch Überdosierung sind schlimmer als Unterversorgung! Vorsicht bei Vitaminzusatzpräparaten, die oft viel Vitamin D enthalten. Bei gesunden, normal ernährten Hunden kein Vigantol oder Lebertran füttern!

E: Beeinflußt den Hormonhaushalt, Kohlenhydratstoffwechsel und Fettabbau. Enthalten in Getreideprodukten und Fisch. Mangelerscheinungen: Muskelschwund, Herzmuskelschwäche, Unfruchtbarkeit, Totgeburten. Achtung: ranziges Fett zerstört Vitamin E! Vorsicht bei länger gelagerten, größeren Futtermengen.

K: Nötig für die Blutgerinnung. Enthalten in Fisch und Spinat. Mangelerscheinungen: Blutungsneigung (durch Dicumarol-Rattengift künstlich hervorzurufen; bei hohen Vitamin K-Gaben hat der vergiftete Hund gute Überlebenschancen.)

Fertigfutter

Fertigfutter hat unbestritten große Vorteile. Als wir unseren ersten Hund fütterten, hätten wir von den bequemen Möglichkeiten der Hundeernährung nicht zu träumen gewagt, und als eine Tante aus Kanada in den fünfziger Jahren beiläufig erzählte, daß sie ihre Schäferhündin aus Dosen ernähre, haben wir nur herzlich gelacht und der Höflichkeit halber die Aussage widerspruchslos hingenommen.

Auch Gesundheitsapostel und eingefleischte Frischkostköche verschließen sich nicht dem Segen der Fertigfütterung, den man gerne in Anspruch nimmt, wenn anderes Futter nicht zur Hand ist oder Urlaubsreisen anstehen.

Fertigfutter enthält alles, was ein normaler Hund braucht, ist einfach zu füttern und in größeren Mengen preiswert und gut zu lagern (natürlich aufgrund von Konservierungsmitteln und auf Kosten des Fettgehaltes, damit es nicht ranzig wird.) Bitte immer kühl und trocken lagern, denn verdorbenes oder gar verschimmeltes Fertigfutter kann schlimmstenfalls tödlich für den Hund sein!

Viele Züchter haben sich mit bestem Erfolg voll dem Trockenfutter verschrieben und ziehen damit auch die Welpen auf. Wenn der Welpe vom Züchter her ein bestimmtes Futter kannte und Sie ebenfalls auf Fertigfutterbasis weiterfüttern wollen, behalten Sie es am besten bei. Füttern Sie dieselbe Marke über längere Zeit hinweg (bis der Sack leer ist), denn der Hund braucht keine geschmackliche Abwechslung, was nicht heißt, daß sie ihm nicht willkommen wäre.

Wenn sich der Hund an eine bestimmte Futterzusammensetzung gewöhnt hat, kann sie der Körper um so besser verwerten. Deshalb bitte nicht dauernd die Marke wechseln, denn die Hunde reagieren oft mit Durchfall. Da nicht jeder Hund jedes Futter für seine Bedürfnisse gleich gut auswertet und nicht alle Fertigfutter die gleiche Qualität haben, sollten Sie nach längerem Füttern eines Produktes auf ein anderes übergehen.

Die Mindestanforderungen für Fertigfutter wurden von der National Academy of Sciences in Amerika erforscht und festgelegt: 22% Rohprotein (Eiweiß), 0,5% Rohfett, 1,1% Kalzium, 0,9% Phosphor, 50% Kohlenhydrate.

Prüfen Sie ein Produkt anhand dieser Werte. Es gibt unterschiedliche Futterzusammensetzungen, z.B. hochwertige, besonders eiweißreiche Kost. Bedenken Sie bitte, daß auch hier, wie bei der Frischfütterung gilt: Ein Eiweißüberschuß führt zu Erkrankungen! Nur wenn der Hund leistungsmäßig wirklich stark gefordert wird, sind solche Futtermittel angeraten (z.B. bei Schlittenhunden in der Rennsaison oder Hütehunden bei der täglichen Arbeit an der Herde).

Wir halten nichts von Dosenfutter und dem sog. Feucht- oder Halbfeuchtfutter als Dauernahrung. Trotzdem sollte man den Hund daran gewöhnen, da sie auf Reisen praktisch sind.

Es gibt viele gute Flocken- und Preßfuttersorten, die trocken, in Brühe (aus Kalbsfüßen oder Knochen) oder warmes Wasser eingeweicht, gereicht werden. Obwohl manche Hunde das Trockenfutter gerne trokken aufnehmen, birgt dies auf Dauer gesundheitliche Gefahren. Das Futter entzieht während der Verdauung dem Körper Flüssigkeit, was die Nieren stark belastet. Selbst wenn der Hund immer frisches Wasser zur Verfügung hat, kann er gar nicht so viel trinken, wie sein Körper an Flüssigkeit braucht. Deshalb sollte man Trockenfutter immer gründlich, evtl. über Nacht, mit reichlich Flüssigkeit aufquellen lassen.

Halten Sie sich bei der Futtermenge an die Angaben des Herstellers, die in der Regel reichlich bemessen sind. Wenn Ihr Hund dabei zu fett oder mager wird, passen Sie die Menge dem Bedarf des Hundes entsprechend an.

Mit Ausnahme von im Wachstum befindlichen Hunden, tragenden und säugenden Hündinnen sowie stark beanspruchten Deckrüden dürfen Sie bei Vollnahrung kein Fleisch hinzufüttern. Das gleiche gilt für die Kalzium- und Vitaminpräparate. Einige Firmen bieten Futterzusammensetzungen für die unterschiedlichen Bedürfnisse an, so daß Sie sich keinerlei Gedanken über eventuelle Zufütterung machen sollten. Anhand aufwendiger Forschung wurde festgestellt, was ein normaler, erwachsener Hund braucht, und all diese Nährstoffe, Minerale und Vitamine sind im Fertigfutter enthalten. Wenn Sie nun Fleisch oder Vitaminpräparate zusätzlich füttern, zerstören Sie das wertvolle Gleichgewicht dieser Nährstoffe. Eiweißüberschuß zeigt sich u. a. in nässenden und schwer ausheilenden Ekzemen!

Ausnahme ist das Fett: Da viele Fertigfutter aus Haltbarkeitsgründen einen Mangel an sog. ungesättigten Fettsäuren aufweisen, ist es ratsam, täglich einen Eßlöffel Färberdistelöl hinzuzugeben.

Wichtiges auf einen Blick

Essensreste sind kein Hundefutter! Ein Hund kann auf Dauer nicht gesund damit leben.

Salz: Bei eigener Zubereitung von Hundekost, wenn sie zum überwiegenden Teil aus Getreide besteht, täglich eine Prise Meer- oder Jodsalz, aber keine Gewürze verwenden.

Milch kann der erwachsene Hund nicht mehr verdauen und neigt daher zu Durchfällen. Gesäuerte Milchprodukte wie Quark und Yoghurt sind gesund und gut verträglich.

Käse ist für viele Hunde ein Lekkerbissen und eignet sich bei der Unterordnungsausbildung gut als Belohnungshappen.

Wasser steht immer frisch und reichlich zur Verfügung. Zwei Liter Wasser täglich gilt für einen Schäferhund als angemessene Wassermenge! Zuwenig Wasseraufnahme führt zu chronischen Nierenerkrankungen.

Fütterungszeiten richten Sie am besten nach dem Tagesablauf, denn entsprechend muß sich der Hund lösen. Wichtig ist nur, daß feste Futterzeiten eingehalten werden. Die Fleischmahlzeit am Abend hat sich gut bewährt.

Futtermenge hängt von vielen, je Hund unterschiedlichen Faktoren ab: Stoffwechel, Unterbringung, Klima, Bewegung etc. So hat ein Zwingerhund im ungeheizten Außenzwinger im Winter einen viel höheren Bedarf an energiespendender Nahrung (fett- und kohlehydratreich) als ein Hund, der in einer zentralbeheizten Wohnung lebt. Daher müssen Sie ausprobieren, bei welcher Menge Ihr Hund die beste Figur hat. Die richtige Figur hat ein Schäferhund, wenn Sie die Wirbelsäule und die Hüftknochen gerade noch fühlen können. Die Rippen dürfen von einer dünnen Muskelschicht bedeckt sein, jedoch sollen die letzten drei Rippen in der Bewegung sichtbar sein. Tierärzte sehen die Hunde lieber magerer als zu fleischig. Zuviel Fett auf den Rippen ist in jedem Fall ungesund.

Futterreste werden weggeworfen, da sie rasch säuern und zu Magenverstimmungen führen. Nach jeder Mahlzeit wird der Freßnapf gespült. Hunde mögen zwar Aas und vertragen es auch gut, aber Aas in der Natur ist etwas ganz anderes als verdorbenes gekochtes Futter oder eingeweichtes Fertigfutter oder gar verschimmelte Nahrungsmittel. Damit machen Sie jeden Hund krank!

Knochen sind kein Hundefutter. Zu viele Knochen führen zu hartem, bröckeligem Stuhl, der dem Hund beim Absetzen große Qualen bereitet. Wenn Sie trotz der theoretischen Möglichkeit einer Aujeszky-Infektion nicht widerstehen können, Ihrem Hund hin und wieder diesen unbestrittenen Leckerbissen zu gönnen, dann gibt es einige Regeln zu beachten, um den Hund vor Schaden zu bewahren: Geben Sie nur rohe Kalbs- oder Rinderknochen, an denen selbst ausgewachsene Hunde mit starkem Gebiß nur nagen können und nicht größere Brocken verschlucken, die im Hals steckenbleiben. Als Suppenknochen geschnittene Röhrenknochen sind auch zu meiden; wir haben es erlebt, daß sich ein Hund beim Herauslecken des Marks den Knochen über die unteren Fangzähne und die Zunge stülpte und beinahe erstickt wäre.

Deshalb sollte man Knochen jeglicher Art nur unter Aufsicht geben und niemals, wenn mehrere Hunde zusammen sind. Das führt unweigerlich zu Streitereien und hastigem Runterwürgen zu großer Brocken. Kotelett-, Geflügel- und Kaninchenknochen sind ohnehin tabu, da sie splittern. Sie können, ebenso wie alle gebratenen und gekochten Knochen, zu bösen Verletzungen des Rachen- bzw. Mundraums führen.

Alles in allem sollte man zur Reinigung und Kräftigung des Gebisses und zum Vergnügen des Hundes besser Büffelhautknochen, altbackene Brotrinden, getrockneten Stroß (Gurgel), Ochsenziemer, Rinderhufe etc. reichen. Statt der Morgenmahlzeit ein knackiger Hundekuchen ist Gebißmassage und nahrhaft.

Ruhe nach dem Fressen! Füttern Sie den Hund niemals vor der Arbeit oder Spaziergängen, und lassen Sie ihn nie nach dem Fressen springen, toben und ausgelassen spielen (ein satter Hund tut das von sich aus ohnehin nicht gerne). Es besteht die Gefahr der Magendrehung. Wenn nicht sehr schnell operiert wird, hat der Hund kaum Überlebenschancen; meist ist es nach einer Stunde schon zu spät! Vorsichtshalber füttert man statt einer großen Mahlzeit zwei kleinere.

Futterumstellung muß immer allmählich erfolgen. Wollen Sie von Frisch- auf Fertigkost oder umgekehrt umstellen, ersetzen Sie jeweils nur eine kleine Mahlzeit. Bei der Umstellung von einer Sorte Fertigfutter auf die andere mischen Sie zunächst kleine, sich allmählich steigernde Mengen unter das Futter.

Schlechte Fresser oder konditionsschwache Hunde füttert man besser mehrmals täglich mit kleinen Portionen. Dies gilt auch für alte und kranke Hunde.

Kalzium: Bis der Hund zwei Jahre alt ist, behalten Sie die täglichen Kalzium-Vitamin-Gaben bei, die dann auch wieder der alte Hund bekommt. (Bei Frischfütterung muß Kalzium immer gegeben werden!)

Ernährung des Junghundes

Ein verantwortungsvoller Züchter wird Ihnen Futter für die ersten zwei Tage mitgeben, damit zum allgemei-

Wohlerzogene Gruppe (von links): schwarzgelbe Junghündin, langstockhaariger Rüde und graue Hündin.

nen Streß nicht auch noch eine Futterumstellung hinzukommt.

Die wenigsten Züchter machen viel Aufhebens um die Welpenfütterung, sondern haben einen vernünftigen und praktischen Weg gefunden, gesunde, lebensfrohe Welpen aufzuziehen. Die meisten beginnen mit Frischfleisch und stellen später auf Fertignahrung um, viele verlassen sich mit bestem Erfolg auf Spezialaufzuchtfertigfutter von Anbeginn.

Manche Züchter geben anspruchsvolle Futterpläne mit, und man fragt sich, ob der Züchter nicht nur vorsichtshalber alles hineingepackt hat, um einen guten Eindruck zu machen. Die Gefahr von aufwendigen, komplizierten Futterplänen ist, daß sich der Welpenkäufer nur die ersten Tage daran hält und dann nach Gutdünken weitermacht, was zu Aufzuchtfehlern führen kann. Andere Züchter wiederum lassen ihre Käufer in bezug auf die Ernährung vollkommen ratlos. Aber keine Angst, mit etwas gesundem Menschenverstand und unseren Tips werden auch Sie einen gesunden jungen Hund aufziehen.

Seit vielen tausend Jahren begleiten Hunde Menschen, und man fragt sich heute, wie die Spezies überhaupt ohne all die Pülverchen und Tabletten überleben konnte, die in den letzten 10 bis 20 Jahren von der Industrie auf den Markt geworfen wurden. Sind die Hunde in den letzten 20 Jahren etwa gesünder geworden? Wir sind nicht der Meinung, angesichts der vielen Allergien und anderen Probleme. Hin und wieder sind gewisse Präparate sicher sinnvoll, aber meist wird in den Hund nur alles hineingestopft, um sich selbst das gute Gefühl zu verschaffen, das Bestmögliche für seinen Hund zu tun.

Ich fragte einmal eine Mutter, die mir stolz den Futterplan ihres neuen Welpen präsentierte, was sie denn ihren Kindern so an Zusätzen unters Essen mische. Nichts natürlich! Sie ernährte sie ja abwechslungsreich. Ebenso sollten Sie den Welpen ernähren – entweder mit abwechslungsreich selbst zusammengestelltem Futter, oder Sie verlassen sich auf ein von Ihrem Züchter empfohlenes, bewährtes Welpenaufzuchtfutter. Dann aber

Finger weg von irgendwelchen Zusätzen!

Achten Sie bitte darauf, daß Ihr Welpe nicht zu fett wird. Ein pummeliger, schwerer Welpe mag zwar einen gesunden Eindruck erwecken, aber für die Entwicklung seiner Knochen, Gelenke und Sehnen ist jedes Gramm Übergewicht schädlich und fördert Skelettmißbildung. Gerade die gefürchtete HD wird wesentlich durch falsche Ernährung und Bewegung des Junghundes gefördert. Deshalb den Welpen mit Maßen füttern.

Eine alte Züchterweisheit sagt: Welpen füttert man mit dem Auge. Dick ist nicht gesund, und dünn ist nicht modern. Feingefühl des Züchters und später Fingerspitzengefühl des Besitzers sind gefordert, um das wohlgefüllte, runde Bäuchlein vom prall überfüllten ebenso wie ein schlankes von einem eingefallenen Bäuchlein zu unterscheiden.

Das beste Maß kann von Welpe zu Welpe recht unterschiedlich sein. Er soll sich satt fressen, aber nicht überfressen. Er muß bei jeder Mahlzeit hungrig sein und zügig futtern. Der acht bis 12 Wochen alte Welpe bekommt vier Mahlzeiten am Tag. Allmählich läßt der junge Hund die eine oder andere Mahlzeit aus und pendelt sich meist von allein auf drei Mahlzeiten vom 4. bis 7. Monat, auf zwei vom 8. bis 12. Monat ein.

Wenn der Hund ab der 15. Woche etwa nicht mehr alles zügig frißt, wird die Fleischmahlzeit von mittags auf die Abendmahlzeit angerechnet und einmal in der Woche ganz gestrichen. Wird der Welpe pummelig, keine Mahlzeit weglassen, sondern die Mengen pro Mahlzeit reduzieren. Der junge Hund muß immer schlank und beweglich sein. Ein glänzendes Haarkleid ist Ausdruck seiner Gesundheit. Dürr darf ein Welpe auch nicht sein, da dies evtl. auf eine Unterversorgung mit lebenswichtigen Mineralstoffen, Vitaminen oder Eiweiß hinweist, was zu schweren, nie wieder gutzumachenden Schäden führen kann.

Futterplan

(Mengen gelten für 8. Woche; mit steigendem Alter allmählich mehr geben)

Morgens: Getreidebrei mit Welpenaufzuchtmilch (keine Kuhmilch), Yoghurt, Sauermilch oder Quark und im Mixer püriertem Apfel (mit Schale) und Möhre oder Gemüse (außer Kohl), 1 Teelöffel Honig, Bier- oder Bäckerhefe. Gesamtmenge: 2 Kaffeetassen.

Später Vormittag: Fleisch in groben Stücken, die der Welpe mit den Zähnen zerkleinern muß (gut für die Entwicklung des Gebisses, der Kau- und Nackenmuskulatur). Dazu eignen sich Pansen, Schlundfleisch, Kopffleisch. Knorpel vom Stroß (Gurgel) ist ein guter Nachtisch. Die Menge sollte 250 g nicht überschreiten. Zur Fleischmahlzeit wird 1 Teelöffel Kalziumkarbonat und Seealgenmehl abwechselnd gereicht.

Nachmittag: Ca. 2 Kaffeetassen voll gründlich eingeweichtes und aufgequollenes Fertigfutter.

Abends: Fleischmahlzeit wie mittags. (Der Welpe schläft nachts besser durch und muß sich erst am Morgen lösen, was die Stubenreinheit unterstützt).

KAPITEL 5

Bewegung und Beschäftigung für den Schäferhund

Der Deutsche Schäferhund will laufen.

Lauftier Deutscher Schäferhund

Bewegung ist für den Schäferhund ebenso wichtig wie gute Ernährung! Eine Rasse, die von Hause aus täglich viele Kilometer traben muß und bei der heute noch der züchterische Schwerpunkt auf einem ausdauernden, temperamentvollen und lerneifrigen Arbeitshund liegt, muß all diese angeborenen Eigenschaften ausleben können. Kann ein Schäferhund das nicht, wird er hysterisch, zügellos und im schlimmsten Falle unberechenbar.

Viele Menschen sind mit dem Temperament ihres unausgelasteten Hundes überfordert. Folge: Sich mit dem überschäumenden, starken Hund auseinanderzusetzen ist anstrengend, man läßt es lieber ganz. Wen wundert es, daß solche Hunde eines Tages ausrasten und Schaden anrichten, wenn sie die Gelegenheit dazu haben? Die Bewegungs- und Auslaufmöglichkeiten müssen genauso in den Tagesablauf eingeplant werden wie die Fütterungszeiten.

Auch wenn man einen großen Garten hat, bewegt sich ein Hund alleine darin nicht annähernd so viel, wie er eigentlich sollte. Er mag hin und wieder einem Vogel nachrennen, aber das reicht nicht. Man muß täglich mit dem Hund wenigstens dreimal kurz ausgehen und einmal einen langen Spaziergang oder eine Radtour von zwei Stunden bieten.

Bewegung des heranwachsenden Hundes

Die meisten frischgebackenen Hundebesitzer machen den schwerwiegenden Fehler, ihren Welpen überall mit hinzunehmen und voller Stolz dort mit ihm ausgiebig spazierenzugehen, wo man von möglichst vielen Leuten gesehen wird. Man bedenke, daß so ein kleiner Welpe in nur sechs bis neun Monaten zu einem beinahe ausgewachsenen Schäferhund heranwächst. Das ist für den Körper eine beachtliche Leistung; jede zusätzliche Belastung schadet der Entwicklung!

Welpen müssen in erster Linie fressen und schlafen. Sie haben Spielphasen, ermüden aber rasch. Sie brauchen 20 Stunden Schlaf am Tag! Mit drei bis vier Monaten sind sie schon wesentlich temperamentvoller. Während ein junger müder Welpe durch nichts von seinem Schlaf abzubringen ist, läßt sich der Junghund gerne zu weiterem Spiel animieren und leicht überfordern. Insbesondere wenn Kinder im Hause leben, ist immer etwas los, was den jungen Hund auf Trab hält. Man muß dafür sorgen, daß er Ruhe bekommt.

Dem wachsenden Welpen mit noch weichen Knochen und lockeren Sehnen fügt falsche Bewegung Schäden zu, die ihn sein Leben lang belasten. Vermeiden Sie heftiges Spiel mit erwachsenen Hunden, die ihn umrennen und anrempeln. Schnell können Sehnen überdehnt werden.

Niemals hält man Junghunde,- schon gar nicht zum Spielen und Toben, auf glatten oder nassen, glitschigen Böden, Parkett oder Linoleum. Die ständige Überdehnung der Sehnen, die die weichen Gelenke zusammenhalten, belastet das noch knorpelige Knochengewebe und führt zu schweren Schäden, insbesondere in den Hüftgelenken. Die gefürchtete Hüftgelenksdysplasie (HD), wird zwar als Veranlagung vererbt, aber der Grad der Ausbildung hängt im wesentlichen von der Ernährung und der Bewegung des Junghundes ab. Sie können im Interesse der Gesundheit die Bewegung des Junghundes nicht ernst genug nehmen!

Spazierengehen ist die ersten drei Monate vollkommen unwichtig, was den Bewegungsdrang angeht. Es genügt, mit dem Hund ausgiebig Bällchen zu spielen und mit ihm im Garten zu toben. Wilde Toberunden und absolute Ruhestunden sind besser, als dauernd den Hund wach zu halten, auch wenn man nichts mit ihm tut.

Wichtig ist für den jungen Hund der Spaziergang nur im Hinblick auf die Umweltgewöhnung. Ein isoliert aufgewachsener Junghund wird sich später schwertun, sich an Straßenlärm, fremde Menschen, Geräusche, Gerüche und optische Einflüsse zu gewöhnen. Deshalb sollten Sie mit dem Welpen ganz gezielt in die Umgebung gehen, d. h. ihn nicht mitnehmen, wenn Sie etwas vorhaben, sondern auf den Welpen konzentrierte Ausflüge unternehmen. Bis der Impfschutz abgeschlossen ist, führen Sie ihn auf dem Arm fremden Menschen und Straßenlärm zu.

Auch Autofahrten zur Gewöhnung sind wichtig, auf den Bahnhofsvorplatz z. B., wo Sie den Welpen herumtragen und wieder nach Hause fahren. Der kleine Geist muß sich bilden und Eindrücke speichern können, um sie für sein weiteres Leben zu verarbeiten. Die Ausflüge, die höchstens eine Viertelstunde dauern, können mit dem drei Monate alten Hund auf eine halbe Stunde ausgedehnt werden. Es wäre gut, wenn Sie wenigstens alle paar Tage einen solchen Ausflug mit dem Welpen machen könnten, und immer irgendwo anders hin. Erlauben Sie Passanten, den Kleinen zu streicheln. Fahren Sie mit Bus oder Straßenbahn von einer Station zur nächsten, es gibt so viele Möglichkeiten.

Zeigt sich der Hund ängstlich, übergehen Sie das einfach und bedauern ihn nicht, er empfände das als Lob und Bestätigung für sein Verhalten. Gehen Sie freudig sprechend an das heran, was ihm Angst macht, aber nicht so lange, daß sich der Hund in Panik steigert. Will er sich nicht beruhigen, brechen Sie ab. Meist akzeptiert der Welpe das Neue, wenn er merkt, daß keine Gefahr droht – Sie müssen ihn ja nicht gleich an einen Preßlufthammer gewöhnen!

Ab dem vierten Monat können Sie nun ausgedehntere Ausflüge in die Umgebung unternehmen. Aber nur so weit, wie er freudig mitgeht (bedenken Sie die Länge des Rückwegs, nicht erst kehrtmachen, wenn der Hund müde ist!), um ihn nicht zu überfordern. Ab neun Monaten kann man ca. 45 Minuten stramm mit ihm gehen, und ab einem Jahr können Sie Ihren Hund gar nicht mehr müde laufen. Man behält die Spielrunden im Garten bei, in die man schön Gehorsamsübungen einbauen kann.

Welpen dürfen toben und spielen, aber niemals überfordert werden.

Der Spaziergang

Er dient nicht nur der Bewegung und der körperlichen Auslastung, sondern bietet auch geistige Anregung und Kontakt mit Artgenossen. Eingeflochtene Gehorsamsübungen festigen das Verhältnis zum Herrn und dessen Überlegenheit als Rudelführer. Ein solch intelligentes Tier wie der Deutsche Schäferhund braucht einfach neue Eindrücke, die er verarbeiten kann. Für den Hund ist die gemeinsame »Jagd« mit seinem vertrautesten Rudelgenossen der Höhepunkt des Tages, der Sinn seines Lebens.

Unsere Hunde sind noch Laufraubtiere, die Jagd ist für sie Lebenserhaltung, ein Urelement, das man ebensowenig wegzüchten kann wie Hunger oder Müdigkeit. Natürlich wurde dieser Jagdinstinkt in Bahnen gelenkt, durch die Domestikation verändert, läßt sich durch Prägung und Erziehung den Bedürfnissen des Menschen anpassen, aber der gemeinsame Spaziergang ist für den Hund tief in seinem Inneren der gemeinsame Gang zur Jagd, zur Futterversorgung, zum Erhalt des Rudels.

Deshalb bieten Sie Ihrem Schäferhund nur ja keine braven Ausgänge in der Stadt an der Leine an. Die machen seine Muskulatur und den Knochenbau eher kaputt, insbesondere da seine Gangart dem Gehen des Menschen in keiner Weise angepaßt ist. Um dem Hund die gewünschte Freiheit zu geben, was absolut zuverlässigen Gehorsam voraussetzt, brauchen Sie freies Gelände, das nicht von Wild frequentiert ist und wo Ihr Hund keine Jogger und Radfahrer ängstigen kann, auch wenn er kaum von ihnen Notiz nimmt. Je besser ein Hund gehorcht, desto leichter kann man ihn überall frei laufen lassen.

Wählen Sie den Zeitpunkt des Spaziergangs vor dem Füttern, damit der Hund anschließend genug Ruhe zum Fressen und Verdauen hat. Beginnen Sie mit einigen Gehorsamsübungen und entlassen Sie den Hund zur Belohnung mit dem erlösenden Wort »Lauf« in seine erste wilde Toberunde. Es ist wichtig, vorher, also zu Beginn des Spaziergangs, Disziplin zu verlangen, sonst tobt der Hund von der Haustür an herum und ist kaum zu halten, bis er endlich freigelassen wird.

Auch wenn keine Verkehrsgefahr droht, hat der Hund immer ordentlich bei Fuß an der Leine das Haus zu verlassen. Er rast dann auch nicht los, wenn er es wirklich nicht sollte. Denken Sie daran, jede kleine Übung, jedes Verlangen von Disziplin festigt das Verhältnis und Vertrauen zu Ihrem Hund, es ist keine Schikane für Ihren Vierbeiner, und Ihre Bequemlichkeit muß der intensiven Beschäftigung mit dem Hund weichen. Sie können sich so das Leben mit Ihrem Hund wesentlich erleichtern!

Auf längere Ausgänge nehmen Sie bitte eine Flasche Wasser und einen Napf mit, damit der Hund zwischendurch trinken kann und sich nicht aus Pfützen oder Rinnsalen am Wegesrand bedient. Man weiß nie, welche Chemikalien von den Wiesen und Äckern sich gerade in solchen Pfützen sammeln und dem Hund schwer schaden können.

Kommen Sie bei Ausgängen durch bewohnte Straßen, ist es ratsam, stets eine Plastiktüte und ein Schäufelchen

Bällchenspielen ist eine schöne Beschäftigung für den heranwachsenden Hund.

dabeizuhaben, sollte Ihr Hund sich lösen müssen. Auch ein Hundefreund liebt es nicht, in Hundehaufen zu treten, und als Schäferhundbesitzer hat man nicht gerade allgemeine Sympathie zu erwarten. Sorgen Sie dafür, daß Ihr Hund keinen Anlaß zu Klagen gibt und die traurige Hundefeindlichkeit unserer Zeit nicht noch schürt.

Und noch etwas: Es gibt kein schlechtes Wetter – nur unpassende Kleidung! Der stockhaarige Schäferhund ist jedem Wetter angepaßt. Es gibt keinen Grund, einen Spaziergang ausfallen zu lassen, schon gar nicht wegen »Hundewetter«.

Wildern

Schäferhunde genießen den Ruf, zu den übelsten Wilderern zu gehören. Das liegt sicherlich auch daran, daß auf den Dörfern viele Schäferhunde und Schäferhundmischlinge gehalten werden, die ihren Freigang zu einem Jagdausflug nutzen. Körperlich sind sie ohne weiteres in der Lage, ein Reh zu stellen und zu reißen.

Beobachtet man einen Hütehund bei seiner Arbeit und sieht Filmaufnahmen von Wölfen bei der Jagd, so fallen sofort Übereinstimmungen auf: das Einkreisen der Herde, das Zupacken bei einem ausbrechenden Tier, das Vor-Sich-Hertreiben und vieles andere mehr. Im Wolfsrudel teilen sich die Tiere ihre Aufgaben nach ihren Fähigkeiten: Anschleichen, Umkreisen, Absondern des zum Töten bestimmten Tieres, schließlich übernimmt ein bestimmtes Tier die Aufgabe des Anspringens und Tötens. Die Wölfe verständigen sich untereinander, und je besser das Rudel aufeinander eingespielt ist, desto größer seine Überlebenschance in den harten Wintermonaten.

Der Hütehund arbeitet mit dem Schäfer, beide sind aufeinander eingespielt, sie teilen sich ihre Aufgaben. Lediglich die Rolle des Angreifenden und Tötenden bleibt unbesetzt. (Hunger ist für unsere Hunde keine Triebfeder mehr.) Die Auslese des Menschen galt natürlich Hunden, die sich unterordnen und diesen Trieb am wenigsten ausgeprägt besitzen. Der Mensch bewegt sich mit seinem Hütehund auf einem schmalen Grat, und immer wieder kommt es vor, daß ein Hund ausbricht und ein Schaf reißt. Dem Hirten bleibt keine Wahl, ein solcher Hund wird sofort getötet, denn hat er einmal ein Schaf gerissen, wird er es immer wieder tun. So sind z. B. in den großen Schafzuchtgebieten die Schäferhunde nicht nur die besten Helfer des Schäfers, sondern auch die ärgsten Feinde der Schafe.

Wir wissen, daß in unserem Schäferhund der Trieb schlummert, und müssen unter allen Umständen vermeiden, ihn zu wecken. Wildernde Hunde bedeuten nicht nur eine Gefahr für das Wild und werden früher oder später erschossen, viel schlimmer ist, wenn sie in ihrer Hatz eine Straße überqueren und einen schweren Unfall verursachen.

Führen Sie deshalb den jungen Hund auf seinen ersten ausgedehnteren Spaziergängen an langer Leine auf Waldwegen mit bekannten Wildwechseln. Lassen Sie dem Hund die Freiheit, hier und dort zu schnuppern, achten Sie aber sorgfältig darauf, ob er eine Wildfährte aufgenommen hat (dann »Pfui« und heranrufen). Läßt sich der Hund leicht ablenken, wird er gelobt und darf ein wenig spielen; bleibt er hartnäckiger bei der Duftspur, folgt ein heftiger Leinenruck. Immer wenn der Hund die interessante Fährte verläßt, wird er ordentlich gelobt, und es heißt sofort scharf »Pfui«, wenn er sich ihr zuwendet. Er wird rasch lernen, daß eine Wildfährte Verdruß bedeutet, aber heranzukommen immer lohnt.

Der Hund darf erst von der Leine gelassen werden, wenn der nächste

Noch haben diese drei Hunde Freude am Lauf, doch wenn ihnen jetzt ein Reh begegnet, wird es für den Besitzer schwer werden, die Meute zurückzurufen, wenn der Jagdtrieb erst einmal erwacht ist.

Der Junge versucht, seine Hündin mit dem Stöckchen ins Wasser zu locken.

Wildwechsel weit genug entfernt ist und der Hund zuverlässig gehorcht. Trotzdem muß man stets ein wachsames Auge auf den Hund werfen, sofort »Pfui«, wenn er sich einer Fährte widmet, und Lob, wenn er sich ablenken läßt. Das erfordert Konzentration, und wenn man sich mit anderen Spaziergängern unterhält, sollte man den Hund anleinen, denn er merkt sofort, wenn man unaufmerksam wird, und nutzt die Gelegenheit, eigene Wege zu gehen.

Erst wenn man sich beim erwachsenen Hund auf seinen Gehorsam verlassen kann, kann man ruhig und entspannt mit dem Hund spazierengehen. Erst dann macht es richtig Spaß. Bis dahin allerdings ist es ein ganzes Stück Arbeit, oft verbunden mit Frust und Ärger, aber es lohnt sich, diese Zeit durchzustehen. Es gibt nichts Schöneres, als mit einem wohlerzogenen Hund die Natur zu erkunden. Er zeigt einem vieles am Wegesrand, das man ohne die scharfen Sinne des Hundes nie bemerkt hätte.

Schwimmen

Für die Entwicklung der Muskulatur und den gesamten Bewegungsablauf ist Schwimmen das beste, was Sie Ihrem Hund bieten können. Vorausgesetzt, daß das Gewässer sauber genug ist. Stöckchenspielen im Wasser macht Riesenspaß und ist gesund. Mit dem Schwimmen sollte man nicht vor dem 6. Monat beginnen.

Die meisten Hunde sind begeisterte Schwimmer, manche allerdings bedürfen einiger Hilfestellung. Zum Üben eignet sich ein flacher Badesee außerhalb der Badesaison. Man rollt das Bällchen in die Flachwasserzone, später wirft man es ins tiefere Wasser. Scheut sich der Hund nachzuschwimmen, lockt man ihn von einer Luftmatratze aus ins Wasser. Irgendwann wird der Trieb zu folgen so groß, daß er seine Wasserscheu überwindet.

Schäferhunde mit dem korrekten

Stockhaar werden nicht bis auf die Haut naß; auf dem Trockenen angekommen, schütteln sie sofort das Wasser vom Fell ab und sind nach Minuten wieder trocken. Wenn sie sich anschließend noch einige Zeit trokkenlaufen können, schadet das auch bei Temperaturen bis 0 °C nicht. Niemals darf man den feuchten Hund im Winter in einen unbeheizten Zwinger schicken. Das führt zu Rheumatismus und Nierenerkrankungen.

Radfahren

Die Bewegung, die ein erwachsener Schäferhund braucht, können Sie ihm eigentlich nur mit dem Fahrrad verschaffen. Bei der Ausdauerprüfung muß er 20 km neben dem Rad bei einer Geschwindigkeit von 15 bis 20 km die Stunde traben. Er darf keine Ermüdungserscheinungen, wunde Pfoten, Lahmheit etc. zeigen. Wenn Sie einmal Gelegenheit haben, einen Hütehund bei der Herde zu beobachten, erscheinen Ihnen, im Tagesablauf gesehen, die 20 km beinahe lächerlich.

Das Fahrradtraining beginnt man frühestens mit dem einjährigen Hund nach einer gründlichen tierärztlichen Untersuchung, insbesondere der Herz-Lungen-Funktion. Man nimmt den Hund wie gewohnt an die Leine und schiebt das Rad neben sich her, damit er sich an das Vehikel gewöhnt. Hunde gehen immer rechts am Rad, also auf der dem Straßenverkehr abgewandten Seite. Das Rechtsgehen gewöhnen Sie ihm aber erst an, wenn er das Rad akzeptiert hat.

Läuft der Hund vor das Rad, fahren Sie ihn ruhig an, damit er lernt, daß das unangenehm und absolut tabu ist. Solange Sie noch nicht draufsitzen, kann sich der Hund dabei nicht verletzen. Klappt das, nehmen Sie das Rad zwischen sich und den Hund. Erst wenn er sicher an lockerer Leine neben dem Rad geht, können Sie aufsteigen und langsam losfahren, immer mit dem Kommando »Rad«. »Fuß« würde ich nicht verwenden, weil der Hund u. U. versucht, sich wieder an die linke Seite, seine »Fuß«-Seite zu begeben.

Üben Sie, bis Sie beide sicher sind, an ruhigen Plätzen, und gehen Sie dann in verkehrsreichere Gebiete, damit sich der Hund an Passanten, mit und ohne Hund, Autos etc. gewöhnt. Sprechen Sie mit dem Hund, er muß sich auf Sie konzentrieren, Abzweige mitgehen, er darf nicht zerren oder plötzlich stehenbleiben. Katzen und Hunde müssen für ihn uninteressant sein. Das erfordert am Anfang große Konzentration. Beenden Sie jede Übung mit viel Lob und einer Spielrunde.

Klugerweise beginnen Sie das Radfahren nicht mit dem vor Temperament und Lauffreude überschäumenden Hund, sondern nach einem ausgedehnten Spaziergang. Er sollte sich lösen können, und der erste Übermut muß verraucht sein. Die Übungsstrecken mit dem Rad sind anfangs ohnehin nur sehr kurz, bis sich Muskeln, Bänder, Sehnen und Pfotenballen an die neue Belastung gewöhnt haben. Auf Asphalt läuft sich der Hund rasch die Pfoten wund!

Ganz allmählich verlängern Sie die Strecke. Es dauert Monate, ehe ein Hund soweit in Kondition ist, daß er die 20 km ohne zu ermüden traben kann. Auch dem erfahrenen Radhund gewähren Sie erst den Freiauslauf mit Toberunde, Gelegenheit zum Schnuppern, Spielen und Lösen, und vor allen Dingen vergessen Sie nie die einleitenden Gehorsamsübungen.

Der Hund bewegt sich stets im ausgestreckten, nicht überhasteten Trab. Erzwungener Galopp auf längerer Strecke schadet Herz und Knochen. Der Schäferhund ist ein geborener Traber und kein Renner. Zwischendurch gönnen Sie dem Hund immer wieder Spiel-, Löse-und Erholungspausen. Sie sollen ja keine Rekorde brechen, denn das Radfahren dient ja nur Ihrer persönlichen Bequemlichkeit, damit Sie all die Kilometer nicht zu Fuß gehen müssen!

Wenn Sie Ihren Hund in der Schönwetterzeit ordentlich trainiert haben, im Winter aber nicht radfahren möchten, sollten Sie den Hund zum Herbst hin allmählich auf die Ruhezeit vorbereiten und den Trainingsumfang abbauen.

Für längere Radtouren gilt, die heißen Stunden am Tag zu meiden und immer Frischwasser mitzuführen.

Kontakt mit Artgenossen

Ganz wichtig ist, daß Hunde den Umgang mit Artgenossen lernen. Hatte ein Hund nicht die Gelegenheit dazu, und bei Schäferhunden scheint das besonders häufig der Fall zu sein, zieht man sich einen Raufer heran, den man sein Leben lang kaum noch von der Leine lassen kann.

Die erste Kontaktaufnahme beginnt mit dem Nasenberiechen.

Landläufig heißt es, Welpen haben Narrenfreiheit, einem Welpen tut ein erwachsener Hund nichts. Das ist richtig und falsch zugleich. Rüden sind in der Regel außerordentlich geduldig, während Hündinnen durchaus aggressiv werden können. Sie halten ihr Revier von fremder Nachzucht frei, da sie Nahrungskonkurrenz für die eigenen Nachkommen sein könnte. Es kommt also immer auf den Ort und die Situation an. Einen Welpen gedankenlos frei laufen zu lassen, kann zu bösen Erfahrungen führen, die den Kleinen für den Rest seines Lebens verderben.

Ideal wäre es, wenn man sich in der Nachbarschaft mit Hundehaltern zu einer Gruppe zusammentut, die sich regelmäßig trifft, damit die Hunde spielen und im Spiel die Verhaltensregeln lernen und üben können. Man kennt die Hunde und weiß, daß nichts passiert. Werden Sie nicht hysterisch, wenn die Spielphasen zu ruppig werden. Aber: Hunde ziehen den Umgang mit Artgenossen immer dem Umgang mit dem Menschen vor. Gehen Sie nicht zu oft in der Gruppe, denn Ihr Schäferhund soll sich in erster Linie Ihnen anschließen. Das heißt, Gruppenausflüge gezielt einplanen und sich nicht täglich zum gemeinsamen Ausflug treffen.

Vergessen Sie nicht: Der Spaziergang mit Ihrem Hund, bei dem Sie sich voll und ganz auf ihn konzentrieren, ist die wesentliche Grundlage Ihrer Hund-Mensch-Beziehung. Hunde wissen genau, wenn man schwatzend und unaufmerksam mitgeht, sie lassen sich all den Unsinn einfallen, der ihnen nie in den Sinn käme, wenn Sie mit dem Hund alleine gingen. Treffen Sie unterwegs auf fremde Hunde, machen Sie Ihren Hund nicht aufmerksam, indem Sie heftig nach ihm schreien und ihn schnellstens anleinen. Der Hund wird bald, wenn er Ihre erregte Stimme hört, aufmerken, wo was los ist, und Sie haben genau das Gegenteil erreicht.

Locken Sie den Hund mit dem immer präsenten Tennisball heran, loben, anleinen. (*Sie* spielen mit dem Hund Ball, nicht der Hund mit dem Ball, wann er es will. So bleibt der Ball für ihn immer eine besonders freudige Angelegenheit, für die er so manche andere Dinge unverzüglich sein läßt.) Fragen Sie den Besitzer des anderen Hundes, ob dieser friedlich ist, erlauben Sie eine Schnüffelrunde, und weiter geht's.

Lassen Sie Ihren Hund nicht mit jedem Hund spielen und toben, ein ausgewachsener Deutscher Schäferhund muß sich in jeder Situation diszipliniert verhalten und nicht vor Begeisterung außer sich geraten, weil am Horizont ein Hund als möglicher Spielkamerad auftaucht.

Zeigen die Hunde Aggression durch steifen Gang, gesträubtes Nakkenfell, steif hochgestellte Rute, gar aufgezogene Lefzen und tiefes Grollen an, heißt es »Pfui – bei Fuß«. Nehmen Sie den Hund sofort in den Gehorsam, d. h., gehen Sie weiter, und verlangen Sie vom Hund ein paar Sitz- und Platz-Übungen. Das festigt Ihre Stellung als Rudelführer und lenkt den Hund ab. Zerren an der Leine, Schimpfen, Schlagen – das alles nützt nichts, sondern heizt die Situation noch auf; ganz besonders dann, wenn Ihnen der Angstschweiß auf der Stirne steht! Der Hund riecht das. Der Hund ist immer das Spiegelbild seines Herrn, der jede kleine Gemütsregung seines Herrn erkennt. Gehen Sie gelassen aus einer kritischen Hun-

Hunde lieben das gemeinsame Spiel – hier mit einem Pyrenäenberghund. Sie lernen im Spiel den Umgang miteinander.

debegegnung heraus, zuckt letztlich auch Ihr Hund nur mit den Achseln.

Kommt es dennoch zu einem Kampf, so hört sich das meist sehr viel schlimmer an, als es ist. Also nicht gleich in Panik geraten und vor allen Dingen nie dazwischengehen! Nehmen Sie sich die Zeit und verständigen sich mit dem Besitzer des anderen Hundes darauf, daß sie gleichzeitig jeder den eigenen Hund an Rute und Hinterläufen fassen und hochheben. Die Streithähne lassen meist unverzüglich voneinander ab, wenn sie keinen festen Boden mehr unter allen vier Pfoten haben. Wichtig ist natürlich, daß beide Hundebesitzer zugreifen, denn einer allein bringt seinen Hund höchstens in eine mißliche Lage, die die Situation verschlimmert. Die aufgeregten Hunde bringt man so schnell wie möglich voneinander weg und lenkt sie mit den üblichen Gehorsamsregeln Fuß, Sitz, Platz ab, bis sich die Gemüter beruhigt haben.

Der Umgang mit Artgenossen ist leider in unserer heutigen Zeit, in der viele Menschen Hunde halten, die es lieber lassen sollten, in der viele Hunde falsch erzogen werden oder angeborene Macken haben, gar nicht so einfach. Es gehört schon ein wenig Fingerspitzengefühl dazu, den Junghund nicht als Kaspar Hauser, fern von Artgenossen, aufwachsen zu lassen und ihn dennoch vor verhaltensgestörten Hunden zu schützen.

Nichts ist schlimmer als ein rauflustiger Schäferhund. Mit ihm auszugehen ist übelster Streß und endet letztlich damit, daß der Hund zu Hause bleibt. Damit berauben Sie sich der schönsten Gemeinsamkeit, die man mit einem Hund erleben kann, nämlich des gemeinsamen Spazierganges.

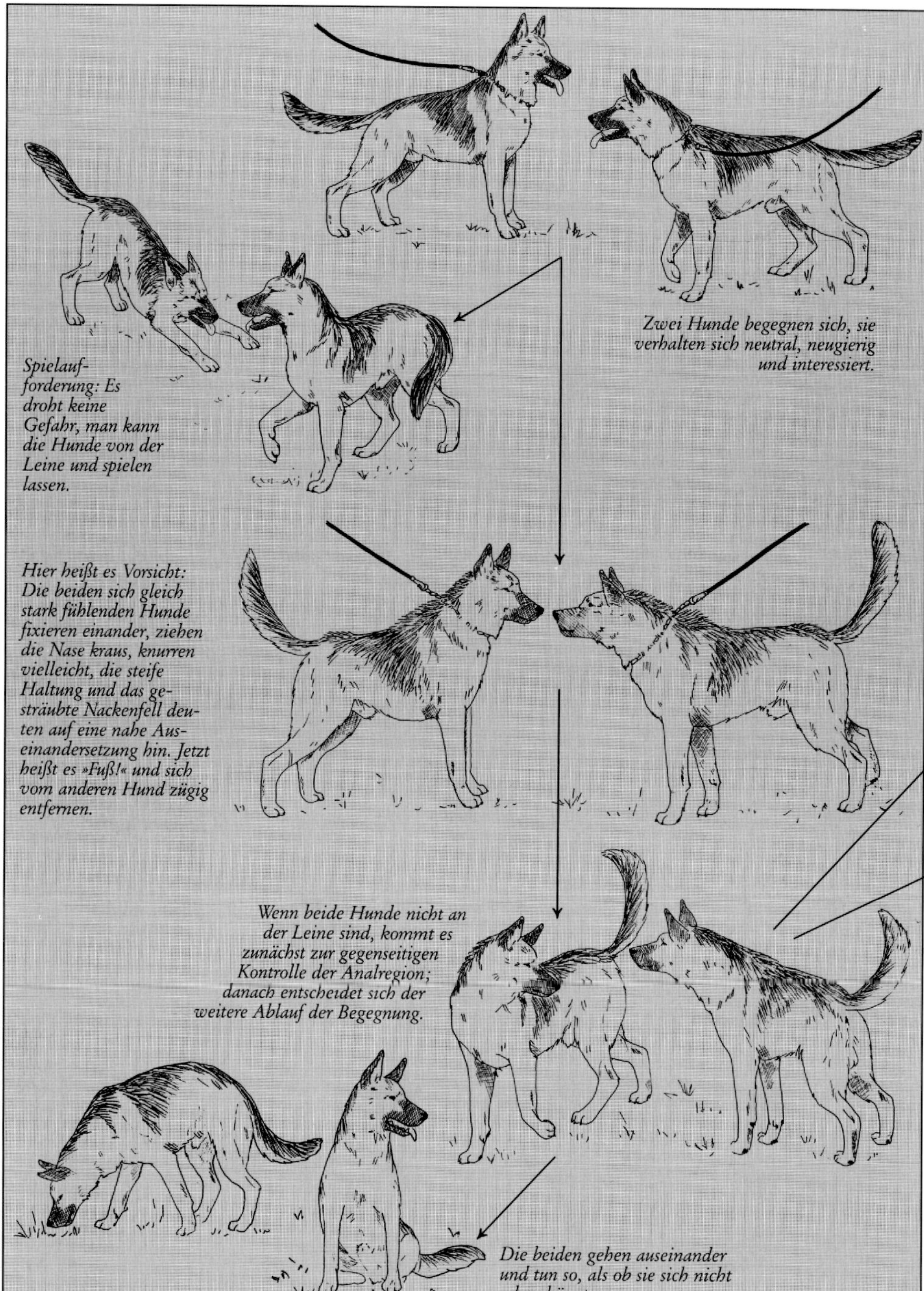

Zwei Hunde begegnen sich, sie verhalten sich neutral, neugierig und interessiert.

Spielaufforderung: Es droht keine Gefahr, man kann die Hunde von der Leine und spielen lassen.

Hier heißt es Vorsicht: Die beiden sich gleich stark fühlenden Hunde fixieren einander, ziehen die Nase kraus, knurren vielleicht, die steife Haltung und das gesträubte Nackenfell deuten auf eine nahe Auseinandersetzung hin. Jetzt heißt es »Fuß!« und sich vom anderen Hund zügig entfernen.

Wenn beide Hunde nicht an der Leine sind, kommt es zunächst zur gegenseitigen Kontrolle der Analregion; danach entscheidet sich der weitere Ablauf der Begegnung.

Die beiden gehen auseinander und tun so, als ob sie sich nicht sehen könnten.

*Unten:
Der dominante Hund kann sich blitzschnell auf den Unterlegenen stürzen, und wenn beide ein gesundes Sozialempfinden besitzen, kommt es nicht zu Blutvergießen, wenn auch die Szene für den Laien furchterregend erscheint. Der Kampf dauert nur wenige Sekunden, bis sich der Unterlegene vollkommen ergibt, was den Überlegenen besänftigt.*

Beide Hunde fixieren einander, der Unsichere zeigt deutlich seine Unterlegenheit und wird wahrscheinlich im nächsten Augenblick davonrennen. Der Überlegene zeigt ebenso deutlich seine Dominanz durch steife Haltung, nach vorne gerichtete Ohren, aufgestelltes Nackenhaar und hoch erhobene Rute.

Bei gleichstarken Hunden kommt es zum ernsthaften Kampf. Hier kann durchaus Blut fließen, und eine Wunde muß genäht werden, doch bei normal veranlagten Hunden gibt es in der Regel keine lebensgefährlichen Verletzungen. Auch dieser Kampf endet, indem sich der Unterlegene auf den Rücken wirft und sich dem Überlegenen vollkommen ergibt.

Nach jeder Auseinandersetzung muß der Sieger unbedingt markieren, was für den Unterlegenen bedeutet, daß er sich entfernen kann.

Hundebegegnung

Hunde, die als Welpen die Gelegenheit hatten, den Umgang mit Artgenossen zu erlernen, pflegen bei einer Begegnung auch später noch einmal ein ganz bestimmtes Ritual. Jeder normale Hund spielt lieber mit seinesgleichen, als zu raufen. Nur sehr selten artet ein Gerangel zu einem blutigen Kampf aus. Meist wird er duch nervöse Hundebesitzer regelrecht provoziert, die das natürliche Ritual aus Angst vor einer ernsthaften Rauferei unterbrechen.

Die gezeigten Abläufe, wie sich Hunde bei einer Begegnung verhalten und was daraus entstehen kann, sind natürlich nur Anhaltspunkte bei normal veranlagten Hunden mit gutem Sozialverhalten. Hält sich einer der Hunde nicht an die hundlichen Regeln, kommt es u. U. zu bösen Raufereien.

KAPITEL 6

Die Erziehung des Schäferhundes

Schon im Spiel lernt der Welpe, sich seinem Frauchen zu ergeben; das Bällchen lockt bereits zu weiterem Spiel.

Der Deutsche Schäferhund ist ein Arbeitshund. Seine Fähigkeiten wurden in Jahrzehnten züchterisch gefördert und gefestigt. Temperament, Lernfähigkeit, Ausdauer, Sinne, ja sogar sein Körperbau sind darauf ausgerichtet, zu arbeiten. Keine Hunderasse läßt sich vielseitiger einsetzen als der Deutsche Schäferhund. Darin liegt seine weltweite Beliebtheit begründet.

Das bedeutet, daß der Schäferhund an seinen Herrn Anforderungen stellt, die erfüllt werden müssen. Sonst »verwildern« all seine angeborenen Eigenschaften und erschweren das Zusammenleben von Mensch und Hund sogar bis zu dem Punkt, daß Hunde getötet oder ins Tierheim abgeschoben werden.

Man muß den Deutschen Schäferhund erziehen. Man muß ihn beschäftigen. Man muß ihm Herr und Freund sein. Verfährt man von Anfang an richtig, findet man im Deutschen Schäferhund einen herrlichen Begleithund, der ein ganzes Hundeleben lang Freude bereitet.

Unser Ziel ist die Erziehung des jungen Schäferhundes bis hin zur Begleithundprüfung. Wir sind der Meinung, daß jeder Schäferhund in der Lage sein muß, diese Prüfung zu bestehen, soll er ein angenehmes und gerngesehenes Mitglied unserer Gesellschaft sein. Leider hat man es heute als Schäferhundbesitzer nicht immer leicht und genießt nicht nur wohlwollendes Ansehen. Mit unserem Deutschen Schäferhund positiv aufzufallen, sind wir dieser herrlichen Rasse schuldig.

Erziehung beginnt beim Welpen

Erziehung bedeutet nicht, daß der Hund Befehle strikt befolgt, sondern sie ist die *Verbindung* zwischen Hund und Mensch. Stimmt diese Verbindung, verstehen sich Hund und Mensch, dann werden auch die »Befehle« freudig und zuverlässig befolgt. Wir weichen deshalb von der Methode ab, die viele Hundesportler verfolgen: Junghunde »roh«, d. h. ohne Erziehung zu belassen, bis sie mit dem fast erwachsenen Hund auf den Hundeplatz gehen und dort die Schutzhundeausbildung absolvieren.

Meist wird diesen Hunden ein Leben in der Familie verwehrt, sie haben im Zwinger zu bleiben, niemand darf sich um sie kümmern, und wenn Herrchen abends nach Hause kommt und sich mit dem Hund beschäftigt, ist dies für solche Hunde der Höhepunkt ihres langweiligen Tages. Unser Schäferhund soll sich von klein an in die Familie einfügen und ein manierlicher Begleiter werden.

Das schließt nicht aus, daß der eine oder andere mit seinem Familienhund Hundesport betreiben oder eine Schutzhundprüfung ablegen möchte. Wir weisen deshalb immer wieder auf diese Möglichkeit hin, falls im Hinblick auf den Sport ein anderer Weg in der Erziehung einzuschlagen ist. Da aber die Begleithundprüfung die Voraussetzung für die Ausbildung zur Schutzhundprüfung ist, ist die Grundausbildung im wesentlichen gleich.

Können Hunde denken?

Natürlich können sie das. Nicht wie wir Menschen. Hunde können sich keine Sorgen um die Zukunft machen, sie können keine Geschichten erfinden, jegliche Phantasie ist ihnen fremd. Hunde sind scharfe Beobachter, Hunde lernen rasch, und sie sind Opportunisten, die ihren eigenen Vorteil erkennen und zu nutzen wissen.

Hunde denken in der Gegenwart. Im wesentlichen unterscheiden sie zwischen angenehm und unangenehm. Selbstverständlich verfolgen sie immer den Weg des geringsten Widerstandes und ziehen das Angenehme dem Unangenehmen vor. Innerhalb dieses Rahmens können Hunde denken, sie kombinieren und bauen Erfahrungen mit ein, um Angenehmes zu erreichen oder Unangenehmes zu vermeiden.

Hunde sind soziale Lebewesen

Sie lieben die Geselligkeit, sie sind anpassungsfähig, d. h. in der Lage, sich in ein soziales Gefüge einzupassen unter dem Motto: In der Gruppe sind wir stark. Obwohl unsere Hunde seit

Dieser Welpe verspricht ein dominanter Hund zu werden, was er jetzt schon durch das Aufreiten auf dem kleinen Mädchen zeigt.

wenigstens 15 000 Jahren durch den Menschen dem Leben in der Wildnis entfremdet wurden, haben sich ihre elementaren Verhaltensweisen kaum verändert. Diese Verhaltensweisen dienen nur dem einen Zweck: der Arterhaltung. Das bedeutet, genug zu fressen zu haben, um erfolgreich Junge aufzuziehen.

Erfolgreich jagen kann man in kritischen Zeiten, z. B. im Winter, wenn kleine Säuger nicht mehr in ausreichender Menge zur Verfügung stehen, nur im Rudel. Es gilt, mit viel Geschick ein Stück Wild zu erbeuten, von dem die ausgehungerte Meute satt wird, um Kraft zu sammeln für den nächsten Beutezug. Würden die Wölfe einen Winter nicht überstehen, gäbe es keine Chance auf Nachzucht im Frühjahr. Also ist das Rudelverhalten zur Arterhaltung lebenswichtig.

In diesem Punkt waren die Wolfsvorfahren unserer Haushunde den Menschen vor 15 000 Jahren außerordentlich ähnlich, und darin liegt ganz sicher der Grund, warum sich beide zusammenschlossen und bis in die heutige Zeit Partner geblieben sind.

Was hat das alles mit der Erziehung zu tun? Wenn wir das Wissen nutzen, das uns heute über das Verhalten der Wild- und Haushunde zur Verfügung steht, können wir ohne Zwang einen wohlerzogenen, glücklichen Hausgenossen haben, mit dem wir viele schöne Stunden verleben dürfen.

Das Geheimnis der Erziehung ist demnach, dem Hund das Rudel zu ersetzen und ihm seinen Platz in *unserer* Meute zuzuweisen. Er braucht die Rudelordnung, um sich zu entwikkeln. Er braucht die Ruhe und Geborgenheit einer intakten Meute. Das gibt ihm die Selbstsicherheit, die wir von unserem Hund erwarten.

Werfen wir noch einen Blick ins Wolfsrudel: Dort werden Welpen regelrecht erzogen. Alttiere schaffen künstliche Situationen, um Welpen eine Lektion erteilen zu können. Dabei gehen sie mit den Kleinen nicht zimperlich um, aber sie verletzen sie nicht. Vor allen Dingen akzeptieren sie die Unterwerfungsgesten des Jungtieres und dreschen niemals voller Wut auf einen auf dem Rücken liegenden Artgenossen ein. Solche Emotionen sind Hunden fremd, wenn es um die Kindererziehung geht. Da gibt es nur ein blitzschnelles Reagieren, sanfter gegenüber dem, der sich leicht erziehen läßt, und schmerzhafter gegenüber dem, der sich durchzusetzen versucht.

Man versteht sich im Rudel, und alles klappt ganz wunderbar – bis die Jungtiere in die Pubertät kommen. Dann werden die Auseinandersetzungen heftiger. Ernsthafte Kämpfe gibt es erst, wenn der bisherige Rudelchef nicht mehr in der Lage ist, souverän seine Führung zu behaupten. Diese Führung wird ständig angetestet, denn auch der stärkste Wolf wird mal alt und schwach. Das ist auch gut so, denn auf diese Weise kommen nur die besten Mitglieder der Meute zur Fortpflanzung, da nur die ranghohen Tiere Nachkommen haben dürfen. In Moralbegriffen zu denken, ist Hunden vollkommen fremd. Wir dürfen sie deshalb auch nicht beim Hund voraussetzen.

Wichtig ist nur, daß wir unserem großen, starken und temperamentvollen Schäferhund zu jeder Zeit ein verständnisvoller und in jeder Situation souveräner Rudelchef sind. Damit haben wir die halbe Erziehung in der Tasche.

Selbst für den älteren Rüden ist das Bällchen noch immer das schönste Spielzeug.

Lob und Belohnung

Sie sind die Schlüssel zum Erfolg jeglicher Hundeausbildung. Sie stellen schnell fest, was Ihrem Hund mehr Freude macht: ein wildes Tobespiel, Ballspielen oder ein Leckerbissen. Nutzen Sie diese Leidenschaft nur, und immer nur dann, wenn Sie ihn belohnen wollen. Sie erreichen damit bei Ihrem Hund fast alles, was erzieherisch möglich ist.

Als Leckerbissen eignet sich alles, was der Hund gerne mag und was bequem in einer Gürteltasche mitgenommen werden kann. Natürlich darf der Leckerbissen der Gesundheit des Hundes nicht schaden, und Sie sollten die Menge in die tägliche Futterration einkalkulieren! Liebt ein Hund das Ballspiel, so eignet sich ein Tennisball deshalb, weil man ihn gut in der Hand halten und in die Hosentasche stecken kann. Aber auch Quietschtierchen, kleine Stofftiere, eben alles, wonach Ihr Hund verrückt ist, kann verwendet werden.

Übungshilfen sind kein Spielzeug! Verwenden Sie sie nur als Belohnung und lassen Sie den Hund niemals alleine damit spielen, sondern nur mit Ihnen im Zusammenhang mit kleinen Aufgaben, denen die Belohnung folgt.

Strafe

Strafe sollte eigentlich kein Begriff in der Hundeerziehung sein. Man kommt aber nicht umhin, unerwünschte Dinge, die der Hund tut, mit einer unangenehmen Erfahrung zu verbinden, damit er sie künftig lieber unterläßt und vorzugsweise das tut, was unsere Zustimmung, also ein Lob oder eine Belohnung, nach sich zieht. Jegliche Art von Korrektur ist aber nur sinnvoll, wenn sie unmittelbar bei einem »Vergehen« erfolgt.

Schlagen hat in der Hundeerziehung keinen Sinn, da es unter Hunden nichts Vergleichbares gibt. Grobheiten und Strafe, die das Hundegehirn nicht begreifen kann, weil sie erst nach den Missetaten erfolgen, die der Hund längst vergessen hat, zerstören nachhaltig das so wichtige Vertrauen in den zweibeinigen Gefährten. Es kostet viel Zeit und Mühe, das Vertrauen wiederzuerlangen.

Beim Welpen genügt oft ein tadelnder, in etwa dem hündischen Knurren nachempfundener, tiefer Ton, um ihn innehalten zu lassen. Auch ein unerwartetes Geräusch kann den Welpen ablenken. Knabbert er z. B. an den Teppichfransen und läßt sich durch bösartiges Brummen ablenken, springt er wahrscheinlich auf und kommt freudig heran. Dann akzeptiert man dies und verstärkt die erwünschte Handlung durch Lob oder einen kleinen Leckerbissen. Besser als Strafen ist immer Ablenken und den Hund zu etwas zu bringen, das belohnt werden kann. Wichtig ist, mit dem Hund zu reden und seine Aufmerksamkeit auf sich zu ziehen. Nur dann ist eine Verständigung möglich.

Will sich der kleine Kerl von seinem Tun gar nicht ablenken lassen, stößt man ihn, begleitet von knurrendem, tadelndem Ton, einfach um und läßt ihn so lange in Rückenlage verharren, bis er sich entspannt und wieder zu einem fröhlichen Spielchen entlassen werden kann. So kennt er es von seinen Eltern her, er wird es viel besser verstehen als einen Klaps mit der Zeitung.

Auf diese Weise festigt man ohne viel Aufhebens die Überlegenheit als Rudelchef, denn noch ist man dem kleinen Schäferhund kräftemäßig gewachsen. Dabei braucht man nicht zu zimperlich zu sein, denn auch in der hundlichen Erziehung kommen launische Ausbrüche des Rudelführers vor. Der Junghund schreit auf, wirft sich auf den Rücken, »bettelt um Gnade«, die der Althund auch erhaben gewährt, und die Sache ist wieder im Lot. Hunde denken nicht: »Ach, der Alte tut mir ja doch nichts, da kann ich ja ruhig weiter Unsinn machen.« Er lernt, daß eine gewisse Situation Unbehagen nach sich zieht, und diese gilt es zu meiden!

Oft provoziert der Althund das Jungtier oder einen rangniederen Hund, indem er so tut, als interessiere ihn sein Knochen nicht, und wehe, wenn der andere es wagt heranzugehen. Dann fällt er lautstark über ihn her und zeigt ihm, wer hier das Sagen hat. Dieses »Tabuisieren« wendet man täglich im Umgang mit dem Hund an; es ist für ihn ganz normal, daß er seine Grenzen sucht und findet. Wichtig ist, daß sich der Mensch wie ein erfahrener Althund verhält und die Demutsgeste sofort akzeptiert bzw. dem Hund eine Alternative bietet, etwas richtig zu machen und gelobt zu werden.

Sollte der Junghund im Flegelalter anfangen, sich mit Zuschnappen gegen Sie aufzulehnen, wenn Sie ihm z. B. Futter oder ein geliebtes Spielzeug abnehmen wollen, dürfen Sie sich auf keinen Fall erschrocken zurückziehen. Dann hätte er ja erreicht, was er wollte, und Sie würden Ihren Hund nie mehr in den Griff bekommen.

Viele Menschen haben vor dem eigenen Hund Angst und wissen es gar nicht. Sie vermeiden instinktiv Situationen der Auseinandersetzung. Es ist unvermeidlich, daß man in den Augen des Hundes irgendwann einen Fehler macht, und er korrigiert dann, wie es nun mal die Pflicht des Chefs ist, denn nur Ordnung im Rudel sichert das Überleben. Korrektur aus der Sicht des Hundes heißt nur eins: mehr oder weniger heftig zuschnappen! Ein großer, starker Hund wie der Deutsche Schäferhund ist ein ernstzunehmender Gegner, und man tut wohl daran, dies zu beachten, wenn er sich stellt. Deshalb darf man von Anfang an solche Situationen gar nicht erst aufkommen lassen.

Machen Sie es wie der Althund: Provozieren Sie gelegentlich den Welpen. Sind Sie auf seine Reaktion gefaßt, können Sie um so schneller reagieren. Wenn der Welpe nur Anzeichen zeigt, sich aufzulehnen, knurrt oder gar die Zähne fletscht, wirft man ihn ohne Aufhebens auf den Rücken und drückt ihn einfach mit der Hand auf der Brust zu Boden, bis er sich entspannt.

So erkennt der Welpe, ohne daß Sie ihn körperlich züchtigen müssen, daß Sie der Rudelführer sind und es auch bleiben wollen. Hierzu gehört auch die Körperpflege des Welpen. Man sollte ihn ruhig täglich schmusend auf den Rücken legen und bäuchleinkraulend die Unterseite abtasten, auch wenn es da nichts sauberzumachen gibt. Der soziale Kontakt ist sehr wichtig.

Schnappt ein etwas älterer Junghund ernsthaft zu, schlagen Sie sofort mit der flachen Hand ohne Kraftanwendung unters Kinn. Das Maul klappt wirkungsvoll zu, für den Hund höchst unangenehm. Sie können ihn damit nicht verletzen, aber der Schock ist lehrreich. Solche Erziehungsmaßnahmen mit dem erwachsenen oder gar einem fremden Hund zu beginnen, würde ich dem unerfahrenen Hundehalter allerdings nicht empfehlen.

Effektvoll und ohne jegliche Gewalt ist das, was auch die Hündin mit ihren Welpen macht, wenn sie sie zur Ordnung ruft: Sie greift mit dem Fang über den Fang des Welpen und drückt den Kopf zu Boden. Das kapiert der Welpe sofort. Man kann einen ungebärdigen Welpen mit dem sanften, aber festen Griff über den Fang und sanftes Herunterdrücken des Kopfes kontrollieren.

Gute Manieren

Ein Haus- und Familienhund muß viel mehr lernen – will er ein gerngesehener Begleiter werden – als nur die reinen Gehorsamsübungen. Nun müssen Sie allerdings entscheiden, ob Sie mit Ihrem Hund auch Sport betreiben wollen oder ob er seine Aufgabe als Familienhund findet. Gerade bei den sog. guten Manieren scheiden sich die Geister. Während ein wohlerzogener Familienhund Besuch und Familie nicht bei jeder Gelegenheit anspringen soll und ihm dies konsequent abgewöhnt wird, tut man damit dem künftigen Sporthund keinen Gefallen, denn er darf beim Schutzdienst nicht gehorsam mit allen vier Pfoten auf dem Boden stehen, sondern muß am Helfer hochsteigen, um fest in den Arm zu packen.

Dies ist nur ein Beispiel, warum man sich frühzeitig Gedanken über die Zukunft seines Hundes machen sollte, denn bei falschen Verknüpfungen kostet es hinterher viel Zeit und Geduld, um sie wieder zu korrigieren.

Hochspringen

Kommt man nach Hause, versucht der Welpe durch Hochspringen sein hündisches Begrüßungszeremoniell, das »Schnauzenstoßen«, durchzuführen. (Damit regt er die vom Beutezug heimkehrenden Alttiere zum Vorwürgen von Futter an.) Dem kommt man entgegen, indem man sich mit dem Hörzeichen »Sitz« zum Hund hinunterbeugt oder in die Knie geht und den Hund freundlich zur Begrüßung streichelt und mit ihm schmust.

Grundsatz: Nur streicheln und schmusen, wenn alle vier Pfoten auf

Knie hoch und den Hund nach unten drücken, erst dann wird er gelobt und begrüßt.

Schäferhunde lieben es, tiefe Löcher zu graben.

dem Boden sind. Hat man den Eindruck, er hat begriffen, läßt man ihn etwas länger auf die Begrüßung warten. Springt er dann voller Ungeduld hoch, wendet man sich ohne Beachtung, höchstens mit einem unwirsch gesprochenen »Nein«, ab, geht hinaus und kommt sofort zurück. Das übt man so lange, bis der Hund ein paar Sekunden lang das ihm bekannte »Sitz« aushält. Aber bitte nur in Sekunden rechnen!

Ist der Kleine hartnäckig, muß man härtere Maßnahmen ergreifen. Fangen Sie im Springen die Vorderpfoten ab, und lassen Sie den Junghund einfach auf den Hinterpfoten stehen, was ihm rasch unangenehm wird. Dabei greift man die Vorderpfoten etwas fester an als normal nötig und sagt »Nein, runter«. Das hilft in den meisten Fällen. Sobald der Junghund sitzt, gehen Sie in die Hocke und begrüßen ihn ausgiebig. Er lernt: Sitzen bei der Begrüßung bringt Erfolg.

Das Hochspringen wird je nach Temperament und Anlaß noch längere Zeit ein Problem sein. Bitte bleiben Sie konsequent. Ist das erste Jahr vorbei, dürfen Sie sicher den Erfolg einer ruhigen, geduldigen und konsequenten Erziehung genießen.

Hund und Garten

Hunde- und Gartenliebe lassen sich nicht immer vereinbaren. Schäferhunde buddeln leidenschaftlich gern und knabbern aus Neugier und Spieleifer alles an, was wächst und gedeiht. Vorsicht, denn viele Gartenpflanzen haben giftige Teile! Ehe der Welpe einzieht, sollten Sie ihre Gartengewächse auf ihre Ungiftigkeit hin überprüfen.

Um Ärger mit dem gärtnernden Familienmitglied zu ersparen, muß schon der Welpe lernen, was er tun darf und was nicht. Man sollte den Welpen deshalb nur im Garten spielen lassen, wenn man ein wachsames Auge auf ihn werfen und notfalls sofort eingreifen kann. Fängt er an zu buddeln, sofort mit lautem »Pfui« einschreiten – aber bitte sofort, wenn er noch mit der Nase im Loch steckt. Eine Sekunde zu spät, und der Welpe kann Ihren Unwillen mit dem Loch nicht mehr verbinden und wird verunsichert. Ein kluger, selbstbewußter Welpe buddelt an anderer Stelle ein neues Loch.

Bleiben Sie auf der Hut, und schreiten Sie jeweils sofort ein, notfalls werfen Sie den Welpen blitzschnell um und halten ihn auf dem Rücken am Boden fest, bis er sich entspannt. Geben Sie ihm die Gelegenheit, etwas zu tun, das er kann, damit die Sache mit einer Belohnung enden kann.

Hat der halbjährige Hund seine Untugenden noch immer nicht aufgegeben, müssen Sie sich etwas einfallen lassen. Ich vergrabe in solchen Fällen an seiner Lieblingsbuddelstelle ca. 20 cm tief ein Stückchen Pansen und lege darauf einen prall aufgeblasenen Luftballon. Darüber verteile ich die restliche Erde und begebe mich mit einer Handvoll Kieselsteinchen auf Beobachtungsposten. Der Hund wird nun in den Garten gelassen und schnell an der Stelle herumschnuppern. Mit ziemlicher Sicherheit fängt er an zu graben. Wenn der Luftballon platzt, schreie ich laut »Pfui« und werfe ihm gleichzeitig die Kieselsteinchen um die Ohren. Nach zwei bis drei Versuchen haben alle das lästige Buddeln im Garten aufgegeben!

Der Kampf um Sessel und Sofa

Hunde lieben den erhöhten Platz, von dem aus sie alles beobachten können, der zudem noch weich und kuschelig ist. Auch in der Natur ziehen Wölfe diese Ausguckplätze rund um die Wohnhöhlen vor, ebenso wie der Zwingerhund, der vorzugsweise auf seiner Hütte residiert. Jeder Welpe versucht irgendwann, diesen bevorzugten Platz neben seinen Rudelgenossen zu genießen. Sie müssen nun eine Entscheidung treffen: Bekommt Ihr Hund »seinen« Sessel oder nicht? Können Sie ihm dieses Privileg gönnen, dann lassen Sie den Welpen hinauf, wo er eine ihm vertraute Decke finden wird, verwehren ihm aber konsequent den Zugang zu jedem anderen Sessel oder Sofaplatz. Er wird lernen, daß nur der Sessel, auf dem sich sein Deckchen befindet, »sein« Sessel ist, und nicht in fremden Wohnungen nach Gutdünken Vaters bestes Stück lässig belegen.

Unser Sofa hat lockere Sitzkissen. Macht der Welpe trotz drohendem »Pfui« Anstalten hochzuklettern, ziehe ich das Kissen unter ihm weg, und er purzelt verdutzt zu Boden. Das Sofa »wollte ihn nicht«! Kommt er auf Anruf zu mir zurück, wird er auf dem Boden liegend gestreichelt und gelobt. Das hat bei uns zu Hause immer geholfen. Dies ist nur ein kleines Beispiel für den fantasievollen Einsatz von Hilfsmitteln, die den Welpen erziehen helfen, ohne daß wir ihm als strafende Gewalt erscheinen.

Mit dem ca. sieben Monate alten Hund geht man energischer vor, wenn das Problem noch immer nicht gelöst ist. Ich belege alle Liegemöglichkeiten und mache es mir auf dem Sofa bequem. Will der Hund aufsteigen, packe ich ihn am Halsband und drücke ihn energisch mit »Platz« auf den Boden vor dem Sofa. Liegt er dort, wird er gelobt und gestreichelt. Das wiederholt man, bis sich der Hund von alleine vor das Sofa legt. Nun werden die anderen Möbel wieder frei gemacht und darauf geachtet, daß der Hund sie nicht benutzt.

Der Einstieg in die Erziehung

Wenn man bedenkt, daß Jungwölfe alles, was sie zum Überleben im Winter brauchen, praktisch im ersten halben Lebensjahr gelernt haben müssen, wird klar, daß wir wertvolle Zeit vergeuden, wenn wir den Hund »roh« belassen.

Ein Hund kann sein Leben lang lernen, aber am schnellsten und einfachsten geht es beim jungen Hund. Natürlich muß man sich der körperlichen und geistigen Entwicklung des Jungtieres anpassen und darf es keinesfalls überfordern.

Man beginnt mit dem kleinen Welpen, sobald er sich heimisch fühlt. Je jünger der Welpe, desto kürzer die Übungszeiten, anfangs nur wenige Minuten. Wichtig ist, in guter Laune und entspannt an die Übungen heranzugehen. Suchen Sie einen ruhigen Ort, wo der Welpe möglichst wenig abgelenkt wird. Man übt immer ohne Publikum und sonstige Ablenkung dort, wo man anschließend gefahrlos mit dem Hund zur Belohnung spielen kann.

Üben Sie vor dem Füttern, wenn der Welpe hellwach und an Leckerbissen interessiert ist. Gelingt es nicht, seine Aufmerksamkeit zu erlangen,

Sofortiges Auslassen aufgelesener, u. U. giftiger Gegenstände ist für den Hund vielleicht lebensrettend. Deshalb muß es schon beim Junghund geübt werden. Man drückt mit der über den Fang greifenden Hand die Lefzen gegen die Zähne; das ist dem Hund unangenehm, und er macht den Fang auf. Das Hörzeichen heißt »Aus!« und muß sofort befolgt werden.

bricht man die Übung tonlos ohne Aufhebens, ohne Lob und Belohnung ab und versucht es zu einem günstigeren Zeitpunkt noch einmal.

Die gemeinsame Übungszeit muß für den Hund immer die schönste gemeinsame Zeit mit Ihnen am Tag sein, in der Sie sich ausschließlich ihm widmen. Hunde lieben das.

Hat der Hund begriffen, was Sie von ihm wollen und es richtig gemacht, wird er gleich gelobt und/oder belohnt. Sie sollten dann nicht noch drei- oder viermal durchexerzieren und dann aufgeben, wenn der Kleine keine Lust mehr hat. Lieber gleich beim ersten Erfolgserlebnis aufhören, eine Runde spielen und es dann nochmal versuchen.

Niemals eine Übung im Frust beenden! Frust ist eine denkbar schlechte Belohnung.

Auch wenn es mal so gar nicht klappen will, wählt man zum Abschluß eine Übung, von der man weiß, daß der Hund sie gerne und richtig macht, um ihm die Chance zu geben, mit einem Erfolgserlebnis aufzuhören.

Damit bestimmen Sie den Ablauf der Übungen und nicht der Hund, indem er zu verstehen gibt, daß er keine Lust mehr hat und streikt. Wenn es so weit kommt, haben Sie etwas verkehrt gemacht!

Alles, was der Welpe jetzt im Spiel – und nur im Spiel – lernt, muß er später nicht unter Druck lernen.

Wir haben die einzelnen Übungen der Entwicklung des Welpen und seinen Fähigkeiten in den verschiedenen Altersstufen angepaßt. Sie fließen am Anfang in die tägliche spielerische Beschäftigung mit dem Welpen ein und sollen daher noch keine strengen »Lektionen« darstellen.

Herankommen mit Vorsitz, 8.–12. Woche

Wann immer der Welpe herankommt, wird er gelobt und evtl. mit Streicheln oder dem allgegenwärtigen kleinen Leckerbissen belohnt. Dabei unterstützt man den Welpen mit schmeichelndem »Hiiier, Hasso«. Es ist wichtig, immer den Namen in Verbindung mit den Hörzeichen zu nennen, damit der Welpe sich angesprochen fühlt. Wahrscheinlich setzt sich der Welpe automatisch in Erwartung der angenehmen Dinge, die da kommen, und man begleitet sein Tun mit einem freundlichen »Siiitz«. Dabei wird er gelobt und gestreichelt. Geht man noch in die Hocke, kommt der Kleine ganz dicht heran und freut sich um so mehr über den Kontakt. Sie sollten sich auch freuen, denn der Hund spürt an der Stimmlage, ob man nur eine Übung nach Vorschrift absolviert oder sich wirklich über die gezeigte Leistung freut.

Nach ein paar Tagen lockt man den Welpen heran, wenn er gerade nicht im Sinn hat herbeizulaufen. Wahrscheinlich rennt er sofort auf Sie zu, setzt sich vor Sie hin und erwartet sein Leckerle oder die Streicheleinheiten. Damit ist das wichtigste Ziel erreicht! Man kann seine Aufmerksamkeit und den Drang des Nachlaufens unterstützen, indem man ein paar Schritte rückwärts läuft und den Welpen lockt. Kommt der Welpe freudig angehoppelt, wird wieder gelobt, belohnt und gespielt.

Wichtig ist, Geduld zu haben und das Kommando nur ein- oder zweimal hintereinander zu üben, jeweils ein bis zwei Minuten. Macht man das täglich zweimal, kann man den jungen Hund nicht überfordern.

Rechts: Damit die Junghündin korrekt vorsitzt, wird das Bällchen dicht am Körper in Höhe der Hundenase gehalten.

Hinunter zum Hund geneigt, lockt man ihn mit einem Leckerbissen heran; hebt man diesen zu hoch, veranlaßt man den Hund zum Springen (im Gürteltäschchen stecken die Leckerlis).

Herankommen ab der 14. Woche

Nun nimmt man den Welpen an die 2-m-Leine und läßt ihn laufen. Hat er das Leinenende erreicht, rufen Sie »Hasso, hiier«. Kommt er sofort, wird tüchtig gelobt und gespielt; kommt er nicht, strafft sich die Leine und man ruft nochmals. Wann immer er kommt, wird gelobt und gespielt – egal, wie lange er dazu braucht. Die Übung dauert wenige Minuten, weil der Welpe in diesem Alter noch rasch ermüdet.

Hat der Hund eine Übung zur Zufriedenheit ausgeführt, wird gelobt und *nicht* wiederholt! Ausnahme ist das Ballspiel. Hier darf sich der Hund austoben. Er soll sich immer müde spielen, nie müde arbeiten (sonst wird er arbeitsscheu).

Nun achtet man auf korrektes Vorsitzen. Beim Heranrufen hält man das Leckerchen so tief, daß der Hund nicht zum Springen animiert wird, sondern es mit hocherhobenem Fang gut erreichen kann. So fördert man das Sitzen und erreicht, daß der Hund geradewegs auf einen zukommt. Kommt der junge, angeleinte Hund zuverlässig auf das Hörzeichen »Hier«, sollte man den Übungsort wechseln, der allerdings noch keine Ablenkung bieten sollte.

Herankommen ab dem 7. Monat

Auf »Hier« kommt der Hund zügig heran und sitzt korrekt vor, eventuell begibt er sich mit Hilfestellung an die linke Seite des Hundeführers und setzt sich. Damit nimmt er die sog. Grundstellung ein.

Beutetragen und Ballspielen, 8.–12. Woche

Beutespiele sind für den Familienhund ebenso wichtig wie für den Sporthund. Der Familienhund kann seinen Bewegungsdrang damit abreagieren, und der Sporthund ist über das Spiel immer gut zu motivieren.

Beschäftigt man sich mit dem Welpen, sollte man immer einen Tennisball und ein verknotetes Stück Stoff (altes Handtuch, Hosenbein einer Jeans etc.), der Größe des Hundes angepaßt, dabeihaben. Will der Kleine spielen, rollt man zunächst den Ball ein paar Meter weit vor, der Welpe springt bestimmt begeistert hinterher und versucht, den Ball aufzunehmen. Hat er den Ball im Fang, lockt man den Welpen heran und nimmt den Ball vorsichtig aus dem Fang, um ihn wieder wegzuwerfen. Der Welpe lernt, daß der Ball nur für ihn geworfen wird, wenn er ihn vorher seinem Herrn in die Hand abgibt!

Zu einem anderen Zeitpunkt erregt man mit dem Stück Stoff, das man auf dem Boden hin und herwedelt, die Aufmerksamkeit des Welpen. Versucht er, die Beute zu erhaschen, und gelingt es ihm, sie zu fassen, schütteln Sie den Lumpen noch ein klein wenig und geben dem Welpen als großem Sieger der Aktion die Beute frei. Er wird sie noch einmal schütteln und wegtragen.

Vorsichtig rangelt Frauchen mit der Junghündin um das verknotete Handtuch; dabei ist die Haltung auf den Knien wichtig, um dem Hund stets das Gefühl der Überlegenheit zu geben.

Dieses Gewinnspiel macht den Kleinen richtig stolz, was man gut an der erhobenen Rute, dem hochgetragenen Kopf und dem wichtigtuerischen Schritt erkennt. Dieses Spiel führt den Welpen zu der Verknüpfung: »Wenn ich nur genug kämpfe, bekomme ich die Beute.« Dabei brauchen Sie keine Angst zu haben, einen Beißer zu erziehen. Dieses Spiel macht den Welpen selbstsicher und oft vielen unbekannten Einflüssen gegenüber gelassener.

Auch wenn der Kleine mit voller Kraft zu kämpfen scheint, übertreiben Sie nicht. Ziehen Sie nicht ruckartig am Stoff und gefährden seine kleinen Milchzähne. Eine schmerzhafte Erfahrung zu diesem Zeitpunkt könnte den Erfolg in Frage stellen und den Hund unsicher werden lassen.

Beutespiele ab dem 4. Monat

Wenn ab dem 4. Monat die ersten Milchzähne locker werden, läßt man den Welpen nur noch am Tuch ziehen, ohne selbst daran zu schütteln oder zu reißen, und überläßt ihm die Beute kampflos. Mit zunehmendem Zahnwechsel unterbricht man das Spiel ganz, bis das neue Gebiß komplett durchgebrochen und fest ist (etwa 5.–6. Monat). Statt dessen bekommt der Junghund nun möglichst viel Kauspielzeug in jeder Form.

Beutespiel ab dem 7. Monat

Das Gebiß sitzt nun richtig fest, und das Beutespiel macht wieder Freude, denn der Hund bleibt immer Sieger.

Die 14 Wochen alte Hündin folgt schon begeistert dem geworfenen Bällchen.

Apportieren ab der 12. Woche

Die einzige Möglichkeit des Hundes, etwas zu transportieren, ist mit dem Fang – sei es, um ein Stück Beute zu verstecken oder ein Junges an einen sicheren Platz zu bringen. Das Tragen von Gegenständen ist für den Hund eine ganz normale Sache. Das Apportieren ist sowohl für den Familienhund als auch den Sporthund wichtig. Geht man von Anfang an richtig vor, lernt jeder Hund schnell, freudig und zuverlässig zu apportieren.

Viele Hundehalter machen den Fehler, mit ihren jungen Hunden Stöckchen zu spielen, und weil die vom Hund angekauten Gegenstände kaum angenehm anzufassen sind, kickt man sie lieber mit dem Fuß weg. Oder man läßt sich auf ein Gerangel ein, bis der Hund das Stöckchen endlich abgibt, damit es wieder geworfen werden kann. Das macht dem Vierbeiner natürlich viel Spaß, aber korrektes Apportieren lernt ein solcher Hund nur noch mit viel Mühe. Wenn er kein leidenschaftlicher Apporteur ist, verliert er schnell die Lust am Spiel und ist meist gar nicht mehr dazu zu bewegen, einen Gegenstand heranzubringen, in die Hand abzugeben und zu warten, bis er ihn wieder bringen darf.

Wenn der Hund zuverlässig auf Wunsch apportiert, haben Sie eine gute Gelegenheit, ihn mit kleinen Aufgaben zu betreuen, die ihm Freude machen und ihm das Gefühl vermitteln, mit Ihnen zu arbeiten, auch wenn Sie keinen Sport betreiben. So kann der Schäferhund kleine Einkaufskörbe tragen, die Zeitung hereinbringen und Herrchen abends die Pantoffeln vor die Füße legen.

Sie haben den Grundstein für erfolgreiches Apportieren schon beim acht Wochen alten Welpen durch das Ballspiel gelegt und gehen nun mit ihm in ein ruhiges Übungsgelände, wo Sie den Welpen mit Hilfe des geschwenkten Tennisballs dazu bringen, sich an Ihre linke Seite zu begeben und möglichst zu setzen. Sie gehen in die Hocke, halten den Welpen mit der linken Hand fest und rollen das Bällchen einige Meter weit weg. Mit dem Hörzeichen »Bring« lassen Sie den ungeduldigen Welpen los. Hat er den Ball erreicht, wird er aufgemuntert und gelobt: »So ist fein.« Sie gehen langsam rückwärts und locken ihn mit »Hieer«, »Bring« heran. Wenn alles gutgeht, kommt er heran und setzt sich sogar vor Sie hin. Dann ist die Freude groß, und es wird gelobt. Das Bällchen wird wieder fortgerollt, und er darf es ein wenig herumtragen.

Setzt er sich nicht, wird er trotzdem gelobt und darf sein Bällchen tragen. Mit der Zeit, wenn die anderen

Übungen wie »Hier« mit Vorsitzen und Leinenführigkeit korrekter werden, klappt auch das Vorsitzen mit Ball besser. Zerstören Sie nicht die Apportierübung durch Verlangen korrekten Vorsitzens.

Laufen Sie niemals hinter dem Hund her, egal was er auch macht. Das ist für ihn ein herrliches Spiel, und Sie verlieren jegliche Kontrolle über ihn.

In den nächsten Wochen benutzt man ein kleines Bringholz, das nicht zu Verletzungen führen kann, wie z. B. ein aufgelesenes Stück morsches Holz, das im Fang brechen und stekkenbleiben kann. Man »spielt« zunächst mit dem Bringholz wie mit dem Ball, aber wenn der Hund das Holz gebracht hat, faßt man es an beiden Enden und rangelt ein wenig um die Beute, wobei er nach kurzer Zeit gewinnt. Wichtig ist zunächst nur, daß der Hund das Hörzeichen »Bring« versteht und mit Hilfe des Hörzeichens »Sitz« vor Ihnen absitzt.

Apportieren ab dem 7. Monat

Der Hund apportiert mit Freude und sitzt zur Übergabe des Balles oder Bringholzes ordentlich vor. Das anschließende »Bei-Fuß-Sitzen« (Grundstellung) ist mit Hilfestellung schon zu erreichen.

Leinengewöhnung, 8.–12. Woche

Dem acht Wochen alten Welpen legt man sanft und unauffällig ein seiner Größe angepaßtes Halsband um und befestigt daran entweder eine 5 m lange Aufroll-Leine oder eine leichte Kunststoffleine. Man folgt nun ohne Leinenruck dem Welpen. So gewöhnt sich der junge Hund ohne Zwang an das neue Anhängsel. Später lockt man den Welpen mit einem Spielzeug, Ball oder dergleichen in die gewünschte Richtung. Diese Übung erfordert ebenfalls ein wenig Geduld und Zeit, zahlt sich aber aus, weil der Welpe lernt, daß an der Leine immer ein angenehmes Spielerlebnis folgt.

Auch hier gilt: Nicht übertreiben und mit dem Welpen nur ein paar Meter gehen. Eventuell trägt man ihn dahin, wo man üben möchte. Auch wenn der Welpe zuverlässig mitgeht, erwartet man kein korrektes Bei-Fuß-Gehen, sondern läßt ihn ruhig mal hin und her, vor und zurück laufen. Spaziergänge ohne Leine auf sicheren Wegen erstrecken sich auf maximal $\frac{1}{2}$ km, während Gänge an der Leine höchstens 50 m lang sein sollten, denn Gelenke und Bänder sind noch elastisch und nicht ausgebildet.

Leinenführigkeit ab der 12. Woche

Das »Bei-Fuß-Gehen« an lockerer Leine, der Ganggeschwindigkeit des Menschen angepaßt, muß jeder Schäferhund beherrschen. Das konsequente Üben beginnt ab dem dritten Lebensmonat. Das korrekte »Bei-Fuß-Gehen« an der linken Seite mit der Schulter in Kniehöhe des Hundeführers erfordert vom Hund hohe Konzentration und ist, wegen des unnatürlichen Bewegungsablaufs, auf längeren Strecken anstrengend. Der Welpe lernt zunächst das Prinzip, die Feinheiten kommen später.

Nehmen Sie den Welpen und eine

Stramm angehend lockt man mit freudigem Zureden und Bällchen den Welpen an die richtige – linke – Seite.

3 bis 5 m lange Leine mit auf »Ihr« Übungsgelände. Zunächst spielt man ein wenig und lockt den Hund mit dem Tennisball an die linke Seite. Wahrscheinlich setzt er sich wie gewohnt hin, denn den Ball kennt er ja. Der Hund wird angeleint, und man geht rasch mit dem Hörzeichen »Fuß« los. Die Leine wird in der rechten Hand gehalten, die linke bleibt frei zum Motivieren, Korrigieren und Loben. Dabei ermuntert man den Hund mit dem Ball. Man geht so schnell, daß der Hund traben muß. Geht er einigermaßen korrekt links in Kniehöhe, wird er gelobt und nach ca. 10 m abgeleint. Jetzt beginnt ein ausgiebiges Belohnungsballspiel.

Mit fortschreitendem Alter wird die Übung exakter und der Hund durch Leinenruck an die richtige Position gebracht, sollte er vorpreschen oder hinterherhinken. Natürlich darf er dabei nicht umgerissen werden, es muß immer dem Alter und seiner Größe angemessen sein. Geht der Junghund auch nur 1 m korrekt, wird sofort tüchtig gelobt. Inzwischen hat der Junghund gelernt, Ihre Stimme zu deuten, so daß er sehr gut alleine mit Worten gelenkt werden kann.

Auch im 4. und 5. Monat sind die Phasen, in denen korrekt bei Fuß gegangen wird, sehr kurz. Es werden allmählich Schlangenlinien oder leichte Wendungen eingebaut. Der Hund bleibt stets an der Leine und sollte ständig Kontakt mit dem Führer haben, am besten Augenkontakt. Man spricht mit ihm, lobt und lockt.

Die 14 Wochen alte Hündin geht schon nahezu perfekt an der Leine bei Fuß.

In der Grundstellung sitzend schaut die Hündin erwartungsvoll zu ihrem Frauchen auf: »Was machen wir jetzt?« Richtige Erziehung ergibt arbeitsfreudige Hunde.

Setzt er sich nicht, nehmen Sie die rechte Hand unter seine Brust und drücken ihn mit der linken im Bereich des Rutenansatzes – und nur dort! – in die Sitzposition. Damit wird das Hinterteilchen ohne Belastung für die Hüften zu Boden gebracht. Dabei spricht man immer schmeichelnd »Sitz«. Hat er es einigermaßen richtig gemacht, beendet man die Übung mit einem Erfolgserlebnis für den Hund. In den folgenden Wochen wird dies zu einer korrekten Sitzübung ausgearbeitet und bei Leinenführigkeit und Herankommen mit eingebaut.

Sitz ab dem 7. Monat

Das Hörzeichen »Sitz« wird rasch befolgt, und man kann um den sitzenden Hund herumgehen.

Leinenführigkeit ab dem 7. Monat

Der Junghund kann nun eine Strecke von ca. 50 m bei Fuß gehen, wobei er Rechts-, Links- und Kehrtwendungen dicht am Bein des Hundeführers in verschiedenen Ganggeschwindigkeiten mitgeht.

Sitzen bei Fuß ab der 12. Woche

Man lockt den angeleinten Welpen mit dem Bällchen an die linke Seite. Dabei hält man den Ball so hoch, daß er ihn im Sitzen, ohne hochzuspringen, erreichen kann. Sie bleiben stehen und sagen »Sitz«, was er ja kennt. Hat er sich gesetzt, bekommt er das Bällchen und darf spielen.

Platzübung ab der 12. Woche

Der Sporthund muß sie beherrschen, für den Familienhund ist sie u. U. lebenswichtig. Ziel ist, daß sich der Hund auch auf Entfernung auf das Hörzeichen »Platz« hin sofort hinlegt. Diese »Notbremse« hat schon manchem Hund das Leben gerettet und erweist sich oft als nützlich.

Will sich der ca. 12 Wochen alte Welpe hinlegen, begleitet man sein Tun mit dem Wort »Platz«. Dabei wird er gestreichelt und manchmal am Bäuchlein gekrault. Auf diese zwanglose Weise verknüpft der Welpe das Hörzeichen »Platz« mit dem Vorgang des Niederlegens. Kennt er das Wort, versucht man, den Welpen dazu zu bringen, sich zu legen, auch wenn ihm nicht danach ist. Natürlich beginnt man diese Übung nicht, wenn der Welpe gerade vor Spielbegeisterung überschäumt und alles andere im Sinn hat, als stillzuliegen.

Man hockt sich auf den Boden mit einem Leckerchen in der rechten Hand, legt es auf den Boden und hält schützend die Hand darüber. Längst ist der neugierige Welpe herangekommen, um zu sehen, was Sie da schon wieder machen. Man zeigt ihm kurz das Leckerle und sagt »Platz« – sanft und schmeichelnd. Jetzt hat der Kleine den Leckerbissen gerochen und möchte ihn haben. Er kommt aber nur dran, wenn er sich hinlegt und mit dem Fang unter die Hand faßt. Hat er sich gerade gelegt, ziehen Sie die Hand weg und geben mit viel Lob und Streicheln das Leckerchen als Belohnung frei. Nach einigen Tagen genügt es schon, die Hand auf den Boden zu legen, Platz zu sagen, und der Hund legt sich hin. Diese völlig gewaltfreie Methode kann man ohne Schaden mit dem jungen Hund üben.

Platzübung ab dem 7. Monat

Nun kann man sich schon ein paar Meter weit vom liegenden Hund entfernen, ohne daß er unruhig wird.

Nasenarbeit ab der 12. Woche

Die Nasenarbeit hat für den Hund große Bedeutung, und ob Sie ihn nun weiter zum Schutzhund ausbilden wollen oder nicht, die Fährtenarbeit ist immer eine nützliche, artgerechte Beschäftigung für jeden Hund. Hier beginnt man mit dem elf Wochen alten Welpen.

Gehen Sie um die Fütterungszeit mit dem Welpen auf eine ungedüngte (!) Wiese, und hocken Sie sich ins Gras. Zaubern Sie aus Ihrer Tasche ein Stückchen Pansen und werfen Sie es zwei Meter entfernt ins Gras, anschließend lassen Sie den zappelnden

Beruhigend »Platz« sagen und mit dem Handzeichen helfen – dann bleibt der junge Hund schon kurze Zeit liegen.

Welpen los und beobachten, wie er den Pansen findet. Sucht er mit den Augen, bleibt man stumm, benutzt er die Nase, bekommt er die Unterstützung »Such, so ist fein«. Hat er gefressen, ruft man ihn zurück und wirft wieder ein Stückchen Pansen, aber so, daß er es nicht mit den Augen verfolgen kann. Nun muß er die Nase benutzen, wenn er es haben will. Übt man das ein paar Tage lang, lernt der Welpe rasch, mit dem Hörzeichen »Such« etwas Angenehmes zu verbinden. Damit ist für dieses Alter das Ziel erreicht und der Hund auf die weitere Fährtenarbeit eingestellt.

Wenn Sie bisher alles richtig gemacht haben und das Vertrauensverhältnis zu Ihnen stimmt, wird Ihr Hund Sie nicht aus den Augen lassen und voller Vorfreude der Dinge harren, die Sie gemeinsam mit ihm unternehmen.

Stadtgang mit dem 7 Monate alten Hund

Wer in einem städtischen Vorort lebt, wird seinen Hund ganz automatisch mit dem Straßenverkehr etc. in Berührung bringen. Wer in ländlicher Umgebung wohnt, versäumt es aus Bequemlichkeit oft, seinen Hund rechtzeitig an die Eindrücke von Menschen und Verkehr zu gewöhnen. Wird der erwachsene Hund erstmals damit konfrontiert, kann er in Panik geraten, was bei einem großen Schäferhund alles andere als angenehm ist. Wir haben schon empfohlen, den jungen Welpen, und wenn es nur auf dem Arm ist, an die Umwelt zu gewöhnen. Jetzt, da er einen gewissen Erziehungsstand hat, gehen wir intensiver an das Stadttraining heran.

Suchen Sie sich ein belebteres Dorf oder einen ruhigen Großstadtvorort zum Training aus und rüsten sich für alle Fälle mit Plastiktüten aus, um ein vor Aufregung gemachtes Geschäft zu beseitigen. Lassen Sie den Hund auf der dem Verkehr abgewandten Seite aus dem Wagen aussteigen und gehen Sie mit dem Hörzeichen »Fuß« ein paar Meter. Für »Landhunde« ist das alles sehr aufregend. Der Junghund darf erst einmal seine Neugier stillen und die neuen Eindrücke aufnehmen. Nach ein paar Minuten verlangen Sie wieder »Fuß«, was er wahrscheinlich überhören wird. Nach etwa 100 m geht man zurück zum Wagen, immer mit dem Wort »Fuß, so ist brav« und dergleichen mit dem Hund redend.

Am nächsten Tag geht die gleiche Prozedur wieder los, bis der Junghund das Ganze langweilig findet, die Stadtgänge für ihn selbstverständlich werden und er wieder Ihnen seine Aufmerksamkeit schenkt. Danach erweitern Sie das Programm und erhöhen allmählich die Anforderungen. An sicher sitzendem Halsband und fester Leine besuchen Sie die Innenstadt, gehen in die Bahnhofsvorhalle, die U-Bahn usw. Es zeigt sich bald, wie belastbar das Nervenkostüm Ihres Hundes ist. Der Hund darf nicht überfordert werden. Wenn er in Panik gerät, wegrennen will usw., brechen Sie den Stadtgang ab, ohne näher darauf einzugehen. In keinem Fall den Hund für sein Verhalten strafen, aber auch nicht mitleidig beruhigen, was er als Lob auffassen könnte.

Man beginnt in ruhigerer Gegend aufs neue, geht zu belebteren Straßen über und steigert allmählich die Belastung, aber immer nur bis an die Grenze des für den Hund Erträglichen. Solche Gänge dürfen für den Hund nicht zum Alptraum werden, sondern müssen immer in einer angenehmen, entspannten und erfreulichen Atmosphäre enden.

In der Gaststätte

Vor dem Stadtgang sucht man sich eine Gaststätte aus, in der Hunde willkommen sind. Klappt der Stadtbummel, geht man nach etwa zehn Minuten hin, sucht einen ruhigen Platz und läßt den Hund abliegen. Das sollte jetzt für kurze Zeit gut klappen. Beim Verlassen des Lokals bekommt der Hund ein Leckerle und viel Lob.

Sie werden sich wundern, daß wir so ausführlich auf diese selbstverständlichen Dinge eingehen. Aber es gibt genug Menschen, die ihren Hund zu Hause lassen müssen, weil er sich nicht ordentlich benimmt und zur Last wird. Wer seinen Junghund bisher konsequent erzogen hat, gibt ihm die nötige Sicherheit, seinen Herrn auch ohne Panik vertrauensvoll überall dorthin zu begleiten, wo auch er sich selbstsicher bewegt. Deshalb ist es wichtig, auf Unsicherheiten nicht einzugehen, sondern eher fröhlich plaudernd weiterzugehen und dem Hund zu vermitteln, daß es überhaupt keinen Grund zur Beunruhigung gibt.

Besuch bei Bekannten und Freunden

Auch Hundefreunde sehen es nicht gerne, wenn Ihr Schäferhund unkontrolliert durch die Wohnung tobt, Vasen mit der Rute umwedelt, seine Nase in alles steckt und die Möbel erklettert. Bitten Sie Freunde um Mithilfe, den Hund dazu zu erziehen, sich in einer aufregenden und neuen Umgebung ordentlich zu benehmen, damit er stets ein gerngesehener Gast sein wird.

Nach einem ausgiebigen Spaziergang, auf dem der Hund seinen ersten Übermut austoben und sich lösen konnte, besucht man die Freunde. Der Hund bleibt angeleint bei Fuß, man setzt sich und läßt den Hund abliegen. Achten Sie darauf, daß Ihre Freunde vom Hund keine Notiz nehmen und ihn nicht dazu auffordern, heranzukommen, zu spielen oder zu fressen. Der Hund soll brav liegen bleiben, was man mit gutem Zureden und »Platz« kontrolliert.

Hat es fünf Minuten lang geklappt, bricht man wieder auf, jedoch keinesfalls, wenn der Hund unruhig wird. Er lernt sonst, daß Toben den gewünschten Erfolg bringt, nämlich dieser langweiligen Situation zu entkommen. Der Hund muß wenigstens Sekunden stillgelegen haben, dann bricht man lobend auf. Er bekommt ein Leckerle, und ab geht's zu einer Toberunde. Diese Trainingsbesuche werden häufiger und, je nach Temperament und Alter des Hundes, länger.

KAPITEL

7

Die Ausbildung des Schäferhundes

Dieser graue Rüde zeigt eine schöne Platzübung.

Die bisherige Erziehung des Junghundes war der Grundstock, um die Lernfähigkeit des Hundes, die in jungem Alter besonders hoch ist, zu fördern. Der Hund hat die Chance bekommen, sein Gehirn auszubilden, und wird es uns später durch rasche Auffassungsgabe und Lernbereitschaft danken. Der Junghund ist nun zwischen sechs und sieben Monaten alt und hört schon recht gut. Wenn bisher die Ausbildung ohne Zwang durchgeführt wurde, ist Ihr Schäferhund gutartig, temperamentvoll und ausgeglichen im Wesen. Der Ernst des Lebens kann beginnen. Die Arbeit muß jedoch ein Hundeleben lang immer eine freudige Erfahrung mit seinem Herrn bleiben!

Jetzt durchläuft der Hund eine zweite Vorsichtsphase, die in der Ausbildung mit besonderem Fingerspitzengefühl überwunden werden muß. Bei der Hündin gehört die Hormonumstellung im Körper dazu, denn sie wird um diese Zeit zum erstenmal heiß werden. Verzweifeln Sie bitte nicht, wenn Ihr Hund sich ungewöhnlich unaufmerksam zeigt, Dinge tut, die er vorher nie getan hat, usw. Übergehen Sie diese Phase, ohne den Hund durch besondere Strenge zusätzlich zu belasten. Gehen Sie am besten gar nicht auf seine Mucken ein, sondern behandeln Sie ihn zunächst wieder wie einen kleinen Welpen – immer daran denkend, daß der Hund alles, was Sie von ihm wollen, einmal

Grundregeln

- Gearbeitet und gelernt wird grundsätzlich zu Hause und in Wald und Feld. Auf dem Übungsplatz wird das Gelernte nur zur Kontrolle vorgeführt, um eventuell Verbesserungsvorschläge des Ausbilders zu erhalten.
- Beobachten Sie auf dem Übungsplatz einen erfahrenen und erfolgreichen Hundeführer. Sie können viel von ihm im Umgang mit dem Hund lernen.
- Korrigieren Sie Ihren Hund möglichst nicht auf dem Übungsplatz. Er darf das Gelände, auf dem er später seine Höchstform auf Prüfungen beweisen soll, nicht in unangenehmer Erinnerung haben: Herrchen nervös, ungehalten, ungeduldig (es gibt ja Publikum). *Sie* sollen lernen und das Gelernte zu Hause auf den Hund übertragen. Wenn er das Gelernte auf dem Übungsplatz zur Zufriedenheit aller durchführt, ist das Anlaß für ein besonders großes Freudenfest. Der Hund verknüpft, daß sein Herrchen besonders stolz auf ihn ist, wenn er etwas gut gemacht hat. Das hebt die Moral und verhilft Ihnen zu einem freudig arbeitenden Sporthund!
- Der Übungsplatz wird, auch wenn Sie enttäuscht sein sollten, nie ohne ein kleines Belohnungsspiel, Knuddeln oder Schmusen mit dem Hund verlassen.

richtig macht, damit Sie ihn lobend entlassen können.

Etwa ab neun Monaten werden Sie bemerken, wie sich der Hund normalisiert und langsam erwachsen wird. Der Rüde kann jetzt in seine Rüpelphase kommen und versuchen, die Rangordnung mit Ihnen auszuhandeln. Das wird glimpflich ablaufen, wenn Sie von Anfang an unseren Empfehlungen gefolgt sind. Kommt es doch einmal zu einer heftigeren Auseinandersetzung, dann zeigen Sie niemals Angst vor dem Hund, sondern setzen Sie sich durch. Am besten folgen einer Auseinandersetzung sofort eine gründliche Unterordnungsübung, zügige Leinenführigkeit und ausgedehnte Platzübungen. Die Platzübung ist eine gute Dominanz- und Unterordnungs-Übung, die der Hund besser begreift als die Prügel seines aufgebrachten Herrchens!

Wir führen Sie bis hin zur Begleithundprüfung (BH), die die Voraussetzung für die Ausbildung zur Schutzhundprüfung ist. Aber auch jeder Familienhund sollte die Begleithundprüfung ablegen, denn sie empfindet die Anforderungen an den Gehorsam und die Nerven des Hundes in Alltagssituationen nach. Wenn Ihr Hund die BH besteht, haben Sie einen gehorsamen, umgänglichen, fröhlichen Schäferhund, der für seine Rasse eine positive Werbung darstellt.

Mit der abgelegten Prüfung sollte Ihre Arbeit mit dem Hund nicht zu Ende sein. Jeder Spaziergang sollte einige Übungen beinhalten, damit die Verständigung zwischen Ihnen und dem Hund stets aufrechterhalten bleibt und gepflegt wird. Der Arbeitshund Schäferhund braucht seine täglichen Aufgaben, mögen sie uns auch noch so nichtig erscheinen.

Ehe wir zu den einzelnen Ausbildungsphasen übergehen, noch einige grundlegende Bemerkungen zum Lernverhalten des Hundes.

Die Körpersprache

Hunde haben eine hervorragende Beobachtungsgabe, denn sie können nicht sprechen und sind auf die Deutung der Körpersprache angewiesen, wozu natürlich auch Lautäußerungen gehören. Man könnte einen Hund durchaus nur mit sog. Handzeichen ausbilden, ohne je ein Wort zu sprechen! Hunde lernen ständig im Umgang mit uns, auch wenn wir dies nicht beabsichtigen oder wünschen. Wir wundern uns oft und glauben, der Hund verstünde jedes Wort oder könne nach unserem Verständnis denken, dabei hat er nur unser Verhalten gedeutet.

Bei der Ausbildung lernt der Hund ständig neben den Hörzeichen durch unsere Körperhaltung. Deshalb ist es wichtig, sich selbst zu kennen und zu kontrollieren. Der fröhlich lockere Gang eines Hundeführers führt immer zu einem aufmerksam, freudig mitgehenden Hund. Ein steif und schwerfällig, mit strengem Gesicht einhergehender Hundeführer jedoch wird meist von einem lustlosen und desinteressierten Hund begleitet. Locker und entspannt, aufrecht, mit etwas nach hinten geneigtem Oberkörper wirken wir auf ihn gelassener als mit nach vorne gebeugtem Oberkörper und verspanntem Schritt.

Beobachtet man ein wenig die einzelnen Hundeführer, lernt man, sich selbst zu kontrollieren. Allein durch unsere Haltung und Gestik lernt der Hund, so daß Hörzeichen bei einem eingespielten Team fast überflüssig werden.

Das gleiche gilt für die Stimme. Der Hund kann alle Stimmlagen genau deuten. Oft versagt ein Hund auf der Prüfung, weil der nervöse, von Prüfungsangst gequälte Hundeführer einen harten, dem Hund ungewohnten Ton anschlägt. Der Hund ist verwirrt, macht Fehler, was wiederum die Nervosität des Führers steigert. Uns mag der Hundeführer souverän erscheinen, der Hund aber spürt die leiseste Nervosität. Also Vorsicht – kaum jemand dürfte von sich behaupten, völlig entspannt in die Prüfung zu gehen. Wir müssen uns beherrschen lernen und uns klarmachen, daß nur *wir* versagen, niemals der Hund! Sprechen Sie zu Hause leise bei den Übungen mit dem Hund, tun Sie es auch auf dem Platz und bei der Prüfung. Hunde haben ein ausgezeichnetes Gehör, Flüstern reicht vollkommen aus. Laute Töne wirken immer ein wenig alarmierend und sollten den wirklichen Notsituationen vorbehalten bleiben.

Hunde, die viel Zeit mit ihrem Herrn verbringen dürfen, erkennen an Mimik und Stimme Freude, Harmonie, Glück, Trauer und Streß. Stimmungen, die im Hundeverhalten ebenso verankert sind wie im menschlichen.

Die Sache mit den Kommandos

Wir verwenden den Begriff »Hörzeichen«. Wenden Sie es nur an, wenn Sie auch in der Lage sind, die gewünschte Reaktion vom Hund zu erreichen. Wichtig ist, daß jede Aktion durch ein Hörzeichen aufgehoben wird, damit der Hund nicht auf die Idee kommt, beispielsweise eine Platzübung nach eigenem Gutdünken zu beenden. Dem »Platz« folgt z.B. ein »Hier« oder beim Abholen des Hundes ein »Fuß«, wenn er aufstehen und sich an die linke Seite begeben darf.

Ein erlösendes »Lauf« beendet oder unterbricht die Übungsstunde zur Toberunde. Auch die darf der Hund nie von sich aus einleiten. Benutzen Sie die Hörzeichen klar und eindeutig, belästigen Sie den Hund nicht mit zusätzlichen Worten, »Gebrabbel« oder ganzen Sätzen, die er nicht begreift. Der fertig ausgebildete Hund wird sehr viel mehr verstehen als nur die üblichen Hörzeichen, er ist auf Stimme, Situation und Gestik seines Herrn eingespielt. In der Ausbildungsphase muß man jedoch immer eindeutig und klar für den Hund sein.

Im häuslichen Bereich wendet man Hörzeichen nur an, wenn man wirklich etwas vom Hund verlangt. Ansonsten dürfen sich die Hunde frei bewegen, denn unnötiges Gängeln oder ständiges Abverlangen irgendwelcher Aufgaben stumpfen den Hund ab.

Dieser Schäferhund liegt vor dem Eingang »seines« Bauernhofes und fixiert mich während des Fotografierens. Sein Blick sagt deutlich: »Bis hierher und nicht weiter!«

Die Anwendung der Hörzeichen

- Hörzeichen geben
- Befolgung durchsetzen
- den Hund durch ein neues Hörzeichen befreien

Wie wir Hunde verstehen lernen

Wir müssen die Hundesprache erlernen. Hunde können nicht lügen oder Gefühle vortäuschen. Allein das Spiel der Ohren drückt, gemeinsam mit der Gesichtsmimik, alle Stimmungen aus, von aufmerksam bis hin zur Aggression oder Unterwürfigkeit. Augenausdruck, Fang und Lefzen sagen eine Menge über die Stimmung des

Körpersprache des Hundes

Aufbau von Aggression

Der gelassene, interessierte, aber völlig selbstbewußte Schäferhund steht entspannt und aufmerksam mit nach vorne gerichteten Ohren, die Rute hängt gelassen herab.

Selbstsicher imponierender Hund, der sich aufrichtet, die Rute hebt und das Nackenfell sträubt. Der Gesichtsausdruck ist aufmerksam, dominierend bis drohend.

Unmißverständlich drohender Hund: gespannte Körperhaltung, steil aufgerichtete Rute, gesträubtes Nackenfell, der Blick ist stechend, drohend, der Nasenrücken wird in Falten gelegt und das vordere Gebiß freigelegt. Möglicherweise grollt der Hund tief. Der Fang bleibt noch geschlossen und wird erst beim Angriff geöffnet.

»Abbau« zur Demutshaltung

Der etwas unsichere Hund zeigt einen gespannten, leicht unruhigen Blick, die Ohren spielen nach hinten, die Lefzen sind etwas nach unten gezogen, die Körperhaltung wirkt geknickt, die eingeklemmte Rute wedelt demütig.

Abwehrverhalten und Angstdrohen. Die Ohren werden zurückgelegt, die Rute eingeklemmt. Der Blick ist nicht so sicher, die Nase gekräuselt und die Zähne sichtbar, aber der ganze Hund drückt deutlich Unsicherheit aus. Auch dieser Hund kann mangels Fluchtmöglichkeit angreifen.

Der demütige, unterlegene, ängstliche, aggressionsfreie Hund legt die Ohren flach an, macht sich klein, weicht dem direkten Blick aus, klemmt die Rute ein, manche werfen sich auf den Rücken. Diese Demutsgebärden retten den jungen Schäferhund oft vor dem Angriff eines Althundes.

Hundes. Es gibt ein unterwürfiges Grinsen mit weit zurückgezogenen Mundwinkeln, das offene Blecken der Zähne als Drohung, die nach vorne gezogenen Mundwinkel beim unsicher knurrenden Hund. Die Anspannung des Körpers, das gesträubte Nackenfell, die Rute sprechen Bände. Versteht man die »Hundesprache«, erkennt man beim Betrachten des ganzen Tieres sehr gut seine Grundstimmung.

Schau mir in die Augen...

Wie in der zwischenmenschlichen Beziehung spielt der Augenkontakt auch beim Hund eine wichtige Rolle. Begegnen sich zwei gleich starke Hunde, kommt zunächst ein Augenkontakt zustande. Jetzt schon entscheidet sich, ob es zum Kampf kommt oder nicht. Anschauen und Fixieren sind zwei verschiedene Dinge. Ich kann einen Hund unbefangen anschauen, das wird er mir nicht verübeln; sehe ich ihm aber direkt in die Augen, starre förmlich in sein Gesicht, wird er reagieren. Entweder zeigt er deutliches Unbehagen und guckt weg, oder er baut Aggressionen auf und beginnt deutlich zu warnen.

Oft hört man den Rat: »Schau einem Hund fest in die Augen, dann tut er dir nichts.« Das mag für den eigenen Hund gelten, aber niemals für einen fremden. Wenn man Glück hat, ist das Gegenüber eher unterwürfig veranlagt, aber wenn es sich um einen selbstbewußten, dominanten Hund handelt, kann das zu einem blitzschnellen Biß quer durchs Gesicht führen. Das Geschrei ist groß: »Ich habe doch gar nichts gemacht! Der Hund ist falsch und unberechenbar.« Ist er das wirklich? Deshalb nie einem Hund fest in die Augen schauen, es gibt dafür keinen Grund! Warum sollte man ausprobieren, ob man einen dominanten oder unterwürfigen Hund vor sich hat? Warum sollte er uns überhaupt »etwas tun«, wenn wir keinen Anlaß dazu geben und uns neutral verhalten?

Wir haben in unserer jahrzehntelangen Arbeit mit Hunden nie Probleme gehabt, wir haben es aber auch nie darauf angelegt, einen Hund, dem das sichtlich unangenehm war, zu streicheln oder ihn sonstwie zu bedrängen. Im Zweifelsfalle vermeiden wir unmittelbaren Blickkontakt und geben uns gelassen. Das bedeutet nicht, daß wir Angst vor Hunden haben, sondern wir machen nur deutlich: »Ich möchte zwar gerne Kontakt mit dir, aber Streit will ich keinen.« Sucht der Hund freundlichen Kontakt, kann er ihn haben. Ansonsten Hände weg von fremden Hunden! Man muß ja auch nicht alle fremden Menschen anfassen, nur weil man sie schön findet.

Im allgemeinen greift der frei laufende Hund, der eine Ausweichmöglichkeit hat, selten an. Es kann natürlich Ausnahmen geben, insbesondere wenn er sich um eine für uns unsichtbare Reviergrenze gesetzt hat, die wir überschreiten.

Die Arbeitsmittel für die Ausbildung

- Langgliedriges Kettenhalsband
- 1 m lange feste, einfache Leine
- 2,5 m lange Doppelführleine
- Apportierholz
- Tennisball, großer Vollgummiball ab 7. Monat

Der verkehrssichere Begleithund

Der sieben Monate alte Hund gibt uns in seiner Anhänglichkeit und dem Interesse an unserem Tun zu verstehen, daß wir sein Vertrauen gewonnen haben. Wir können nun die Arbeit mit Ziel BH beginnen.

Die Grundstellung

Gehorsamsübungen beginnen mit der Grundstellung, d. h., der Hund sitzt links neben dem Führer, Schulter in Kniehöhe, und zwar parallel zum Führer.

Leinenführigkeit

Die Leine in der rechten Hand, geht man mit dem Hörzeichen »Fuß« mit dem *linken* Bein los. Dabei spürt der Hund den Schritt besser. Falls notwendig, gibt man einen leichten Leinenruck, der den Hund in die gewünschte Position bringt. Klappt es nicht so recht, bitte Geduld und Ruhe bewahren. Man geht zunächst ca. 50 m geradeaus und spricht leise mit dem Hund, um den Kontakt aufrechtzuerhalten. Geht das ganz gut, geht man in Schlangenlinien, Bögen und Kreisen.

Die Wendungen (rechts, links, kehrt)

Zur Rechtswendung gehen Sie mit dem angeleinten Hund einige Meter geradeaus, bleiben auf dem linken Fuß stehen und schwenken den rechten Fuß und den Körper mit dem Hörzeichen »Fuß« nach rechts und führen den Hund dicht am Körper vorbei in die neue Richtung.

Nach einigen Metern geradeaus folgt eine Linkswendung. Wieder auf dem linken Bein stehend, drehen Sie den Körper nach links. Der junge Hund darf nicht vorprellen. Vorsichtshalber zieht man bei der Wendung kurz an der Leine und hebt das rechte Bein, gewissermaßen als Sichtzeichen, ziemlich hoch. Danach wird gelobt und einige Meter in die neue Richtung gegangen. Je nach Ausbildungsstand des Hundes baut man zwei Wendungen in eine Übung ein.

Die Kehrtwendung sollte man zunächst **ohne** Hund üben, weil sich Anfänger oft damit schwertun und es mit dem Hund zu einer Art Gerangel kommt. Aus der Grundstellung geht man, die Leine in der linken Hand, los. Während man sich nach links wendet, wird die Leine hinter dem Rücken von der linken in die rechte Hand übergeben, und man dreht sich weiter im Kreis, um die Leine wieder in die linke Hand zu nehmen. **Mit** Hund führt man den Hund hinter sich her. Das heißt, man wendet sich zum Hund hin, übergibt die Leine und führt den Hund mit der rechten Hand um sich herum zur Grundstellung an die linke Seite.

Sitzübung

Man beginnt mit der Grundstellung und gibt nach ca. 15 m bei Fuß das Hörzeichen »Sitz«. Setzt sich der Hund, wird er unter dem Kinn oder zwischen den Ohren gekrault, und Sie gehen mit dem fest gesprochenen Wort »Sitz« um den Hund herum. Nach einigen Übungen geht es ohne Kraulen mit einem Abstand zum Hund. Treten Sie nicht zu schnell an, damit sich der Hund nicht zum Mitgehen aufgefordert fühlt. Der Hund wird bei der Sitzübung stets abgeholt.

Klappt es nicht, nur nicht die Nerven verlieren! Sie gehen mit dem Hund ein Stück, atmen tief durch und beginnen aufs neue. Sitzt der Hund sicher, trippeln Sie neben dem sitzenden Hund zunächst auf der Stelle weiter, damit er lernt, auch sitzenzubleiben, wenn Sie sich bewegen, ja später von ihm wegbewegen.

Das Ablegen

Man beginnt mit der Grundstellung. Nach ca. 15 m bei Fuß Hörzeichen »Platz«. Liegt der Hund ruhig und gelassen, bewegen Sie sich um den Hund herum und von ihm weg, immer bestätigend »Platz« sagend. Zu Beginn der Ausbildung holt man den Hund auch aus der Platzlage ab. Sie stellen sich an die rechte Seite des Hundes, lassen ihn noch ein wenig liegen und geben dann erst das Hörzeichen »Sitz«. Beenden Sie die Übung mit Spiel. Auch bei dieser Übung sind Geduld und Ruhe sehr wichtig. Erst wenn der Hund zuverlässig abliegt, wird er herangerufen und sitzt vor. Es folgen Lob, Belohnung und bei Fuß an die linke Seite zur Grundstellung.

Die Phasen einer Kehrtwendung von links nach rechts: Ausgangsrichtung, Führleine in der linken Hand – Linksdrehung gegen den Hund, Übergabe der Leine in die rechte Hand – Rückgabe der Leine in die linke Hand – eingenommene Kehrtrichtung.

Nun beginnt man mit dem Ablegen unter Ablenkung, z. B. wenn ein anderer Hundeführer auf dem Übungsplatz mit seinem Hund arbeitet. Zunächst bleibt man dicht beim Hund stehen, um ihn jederzeit im Griff zu haben, sollte er aufstehen. Ist der Hund sehr unruhig, hocken Sie sich zu ihm auf den Boden und lenken ihn ab.

Bleibt er sicher und ruhig liegen, entfernen Sie sich einen Meter vom angeleinten Hund, schließlich auf Leinenlänge.

Halten Sie den Hund im Auge, und korrigieren Sie sofort, wenn er sich fortbewegen *will*. Liegt er sicher, wählt man die Platzposition dicht bei einem Versteck, so daß der Hund an der zweieinhalb Meter langen Leine gehalten wird, Sie aber aus seinem Blickfeld verschwinden können. Kommen Sie aber sofort zurück, und steigern Sie erst ganz allmählich die Entfernung und die Zeitspanne Ihrer Abwesenheit.

Freifolge

Sie ist das Bei-Fuß-Gehen ohne Leine. Wenn der junge Hund sicher an der Leine dicht bei Fuß geht und sich auf das Hörzeichen »Fuß« ohne Leinenruck dicht an die linke Seite begibt, löst man unauffällig die Leine vom Halsband und ermahnt gleichzeitig »Fuß«. Nach ein paar Metern wird die Leine ebenso unauffällig wieder am Halsband befestigt.

Vorsicht, wenn der Hund einmal ausbüxt, hat man viel Mühe, ihn an die Freifolge zu gewöhnen! Deshalb erfordert die Übung zunächst volle Konzentration und ein Gelände, wo der Hund möglichst nicht abgelenkt werden kann. Hat es der Hund gut gemacht, gibt es Lob und eine Belohnung.

Allmählich werden die Strecken länger, und man baut in die Freifolge Leinenführigkeit, Sitz- und Platzübungen ein, damit es dem Hund nicht langweilig wird.

Typischer Hündinnenausdruck.

Gewöhnen Sie sich bitte kein Schema an, der Hund soll stets aufmerksam bei der Sache sein, nicht gelangweilt mittrotten und, wenn etwas anderes als gewohnt verlangt wird, verdutzt dreinschauen und seinen Trott unterbrechen.

Zwischen den einzelnen Übungen wird der junge Hund mit Bällchen, Leckerchen, besonders aufmunterndem Lob usw. motiviert. Er soll später eine freudige Unterordnung zeigen, die nicht den Eindruck eines gezwungenen, gedrillten Hundes erweckt.

Schußgleichgültigkeit

Es gibt schußgleichgültige und schußscheue Hunde. Sie können sich Schußscheue von Artgenossen abgucken und angewöhnen. Manche haben schlechte Erfahrungen mit dem Knall gemacht, wieder anderen ist die Schußscheu angeboren. Ein schußscheuer Hund kann keine Prüfung bestehen. Er ist aber auch im Privatleben eine arme Kreatur, denn es knallt ja immer mal irgendwo, insbesondere zur Karnevalszeit und zu Silvester, aber auch bei Gewittern, in der Jagdsaison, bei militärischen Übungen und bei vielen anderen Gelegenheiten.

Man achtet besonders beim Junghund darauf, daß er in den vorhersehbaren »Knallzeiten« nicht alleine ist oder sich in einer Streßsituation befindet. Bemühen Sie sich, bei den ersten Schüssen und Knallern bei ihm zu sein, um ihn ggf. abzulenken. Niemals tröstend und mitleidig auf ihn einreden, das wäre für ihn Lob für sein Verhalten.

Lassen Sie sich vor allen Dingen nie anmerken, daß der Knall für Sie persönlich in irgendeiner Form unangenehm ist. Ein Mensch, der vor Gewitterangst zittert, ist sicherlich nicht geeignet, um seinem gewitterscheuen Hund die Angst zu nehmen! Wir sollen durch unsere Unbefangenheit und Spiellaune zeigen, daß die Knallerei nun wirklich keinerlei Beachtung verdient. Nur wenn man sicher ist, daß der Hund seine Übungen Sitz und Platz beherrscht, erlaubt man, daß die Übungsschüsse auf dem Platz abgegeben werden.

Verhalten im Straßenverkehr

Wenn Sie Ihren Hund, wie empfohlen, mit dem Stadtleben vertraut gemacht haben und er sich dort unbefangen benimmt, übt man Sitz und Platz. Wichtig ist, daß der Hund auf seinen Herrn achtet, die Hörzeichen befolgt und sich nicht durch fremde Menschen, Hunde, Autos, Radfahrer etc. ablenken läßt. Das gelassene Verhalten im Straßenverkehr bedarf der allmählichen Gewöhnung und kann nicht in wenigen Übungen gepaukt werden.

Prüfungsordnung für Begleithunde (BH)

(auszugsweise; HF = Hundeführer). Zugelassen sind Hunde aller Rassen und Größen; Zulassungsalter ab 12 Monate. Der geprüfte Hund erhält das Werturteil »Bestanden« oder »Nicht bestanden«. Die bestandene BH-Prüfung gilt nicht als Ausbildungskennzeichen im Sinne der Zucht-, Zuchtschau-, Kör- oder Ausstellungsordnung.
Unbefangenheitsprobe: Nur wenn er diese besteht, darf er zur Prüfung geführt werden. Zeigt der Hund während der Prüfung Wesensmängel, kann er ausgeschlossen werden.

A) Begleithundprüfung auf einem Übungsplatz oder freien Gelände (60 Punkte)

1. Leinenführigkeit und Unbefangenheit (15 P.), Hörzeichen »Fuß«
Bei Fuß an der Leine in verschiedenen Ganggeschwindigkeiten mit Rechts-, Links- und Kehrtwendungen sowie gehen durch eine sich bewegende Menschengruppe. Zwischendurch soll der HF stehenbleiben, wobei sich der Hund ohne Hörzeichen zu setzen hat. Zurückbleiben, Vordrängen, seitliches Abweichen des Hundes sowie zögerndes Verhalten des HF bei den Wendungen sind fehlerhaft.

2. Freifolgen (15 P.), Hörzeichen »Fuß«
Das gleiche wie bei der Leinenführigkeit mit dem abgeleinten Hund. Bei der Freifolge, nicht aber beim Durchgehen der Gruppe, werden 2 Schüsse abgegeben. Schußscheue Hunde scheiden aus der Prüfung aus. Aggressive Hunde nur, wenn sie nicht mehr unter Kontrolle des HF zu bringen sind. Volle Punktzahl erhält nur der schußgleichgültige Hund.

3. Sitz aus der Bewegung (10 P.), Hörzeichen »Sitz«
Der frei bei Fuß gehende Hund hat sich auf das Hörzeichen »Sitz« hin schnell zu setzen, wobei der HF seine Ganggeschwindigkeit nicht unterbrechen darf. Er geht 30 Schritte weiter und holt den Hund auf Anweisung des Richters ab.

4. Ablegen in Verbindung mit Herankommen (10 P.), Hörzeichen »Platz«, »Hier«, »Fuß«
Aus der Freifolge heraus hat sich der Hund auf das Hörzeichen »Platz« hin rasch zu legen, während der HF, ohne sich umzusehen, weitergeht und sich 30 Schritte entfernt. Auf Anweisung des Richters wird der Hund zu-

rückgerufen, der Hund soll sich dicht vor den HF setzen und auf »Fuß« schnell an die linke Seite in die Grundstellung begeben.

5. Ablegen des Hundes unter Ablenkung (10 P.), Hörzeichen »Platz«, »Sitz«
Vor Beginn der Unterordnungsübung des nächsten Prüflings wird der Hund in 40 Schritt Entfernung abgelegt. Der HF steht so lange mit dem Rücken zum Hund, bis der nächste Prüfling die 4. Übung beendet hat. Danach wird der Hund abgeholt.

B) Verkehrssicherheitsprüfung in praktischer Ausführung

Allgemeines: Die Übungen sollen im öffentlichen Verkehrsraum (Straßen, Wege oder Plätze) mit mäßigem Verkehr durchgeführt werden.

1. Führigkeit und Verhalten im Straßenverkehr
Der Hund geht links bei Fuß an lockerer Leine auf dem Gehweg. Er muß sich gegenüber Passanten und Fahrverkehr gleichgültig verhalten. Eine Auftragsperson schneidet den HF, eine weitere fährt mit dem Rad klingelnd an Hund und HF vorbei. Es erfolgt eine Kehrtwendung, und der HF begrüßt den Leistungsrichter mit Handschlag und unterhält sich mit ihm. Dabei kann der Hund sitzen, liegen oder stehen, er muß sich aber ruhig verhalten.

2. Verhalten des Hundes unter erschwerten Verkehrsbedingungen
Der Prüfling bewegt sich in dichterem Passantenverkehr, die Strecke führt vorbei an befahrenen Bahngleisen, durch Unterführungen, Überführungen, Straßenbahnen usw. Der Hund soll auch im starken Passantenverkehr und bei außergewöhnlichen Geräuschen seinem Führer aufmerksam, willig und unbeeindruckt folgen. Zwischendurch wird die Übung »Sitz« und »Platz« gezeigt.

3. Verhalten des kurzfristig im Verkehr angeleint allein gelassenen Hundes; Verhalten gegenüber Tieren
Auf einer mäßig belebten Straße bindet der HF seinen Hund fest und begibt sich zwei Minuten lang außer Sichtweite des Hundes. Der Hund darf stehen, sitzen oder liegen. Während der Abwesenheit geht ein Passant mit Hund etwa 5 Schritt entfernt vorbei. Der Hund soll sich während der Abwesenheit seines Herrn ruhig verhalten und den ebenfalls ruhigen vorbeigehenden Hund ohne Angriffshandlung passieren lassen.

4. Gehorsamsprüfung im Verkehr
In einer ruhigen Nebenstraße wird der Hund abgeleint, der HF wirkt nicht weiter auf den Hund ein. Auf das Hörzeichen »Hier« hat der Hund rasch zum HF zurückzukehren und sich anleinen zu lassen.

KAPITEL 8

Sport und Spiel mit dem Hund

Dieser erfahrene, ausgebildete Schutzhund wurde über den Beutetrieb an den Schutzdienst herangeführt und an langer Leine trainiert.

Die Schutzhundprüfung (SchH)

Sie besteht aus Teil A Fährte, B Unterordnung, C Schutzdienst. Die Übungen werden von Stufe I bis III schwieriger. Jedes Land führt seine Schutzhundprüfungen etwas anders durch, eine vereinheitlichte Form der Schutzhundprüfung für internationale Wettbewerbe ist die IPO (Internationale Prüfungsordnung).

Die Schutzhundprüfung wurde ursprünglich entwickelt, um die Eigenschaften des Schäferhundes nach einheitlichem Maßstab zu fördern und damit ein gesetztes Zuchtziel verfolgen zu können. Denn das Zuchtziel des Deutschen Schäferhundes war von Anbeginn der Reinzucht der vielseitig einsetzbare Diensthund, der sowohl leicht in den Gehorsamsübungen zu führen (leichtführig) als auch im Schutzdienst bei Polizei und Militär einzusetzen war. Natürlich sollten die Vorzüge der hervorragenden Nasenleistung des Hundes für den Menschen genutzt werden.

Heute ist die Schutzhundprüfung eine Voraussetzung für die Zuchtzulassung eines Deutschen Schäfer-

Der Zoll braucht ausgebildete Schutzhunde – hier wurde bei einer Vorführung ein »Verbrecher« gestellt.

hundes. Derzeit sind Bestrebungen im Gange, die Schutzhundausbildung in Privathand gänzlich zu verbieten. Die korrekte Schutzhundausbildung macht keinen Hund gefährlich. Voraussetzung für die Schutzhundausbildung ist ein zuverlässiger Gehorsamsstand des Hundes. Der Sporthund wird aufgrund seines Beutetriebs ausgebildet und nicht, um Menschen zu attackieren. Allerdings kann eine abgebrochene Schutzhundausbildung zu einem unkontrollierten Beißer führen, weil dem Hund ganze Ausbildungsteile fehlen, die seinen Arbeitseifer und evtl. geweckten Wehrtrieb in gewünschte Bahnen lenken.

Diensthunde erhalten natürlich eine Spezialausbildung, da sie im Verteidigungsfall sehr wohl zufassen müssen und sich nicht, etwa durch weggeworfene Jacken, vom verfolgten Täter ablenken lassen dürfen. Der ausgebildete Sporthund gehorcht erstens aufs Wort, insbesondere auf das »Aus«, um sofort von der Beute, dem Schutzarm, abzulassen, zweitens hat er ja seinen Sport, um Übermut verrauchen zu lassen. Wer auf dem Übungsplatz seinen Hund unter fachgerechter Anleitung ausbildet, wird sich keinen »Killer« heranziehen. Dazu haben die Hunde auf den Plätzen viel zuviel Kontakt mit fremden Hunden und Menschen, die sich alle nicht beißen lassen wollen.

Schlimm ist es, wenn Leute zu faul sind, mit dem Hund gründlich die Unterordnung zu üben, und nur hetzen wollen. Das können sie nur zu Hause tun, denn im Hundesportverein wird man sie nicht dulden! Statt die Schutzhundprüfung zu verbieten, sollte man eher verlangen, daß Besitzer von Hunden ab einer bestimmten Größe und Veranlagung eine kontrollierte Ausbildung mit ihrem Hund nachweisen müssen!

Hervorheben möchten wir an dieser Stelle noch, daß sich keineswegs jeder Schäferhund zur Schutzhundausbildung eignet. Wer seinen Hund aus falschem Ehrgeiz mit Gewalt dazu bringen will, findet vielleicht auch Mittel und Wege. Er wird höchstens die SchHI durchpauken, aber einen guten Sporthund wird er nie bekommen. Seien Sie ehrlich zu sich und Ihrem Hund, wenn man Ihnen im Sportverein nahelegt, daß sich Ihr Hund nun wirklich nicht für den Schutzhundesport eignet. Dann wählen Sie eine der vielen anderen interessanten Ausbildungsmöglichkeiten, die es Ihnen erlauben, weiterhin mit Ihrem Hund zu arbeiten.

Selbst wenn Sie züchten wollen, tun Sie der Rasse keinen Gefallen, einen Hund gerade mal durch die SchHI zu bringen, wenn er Wesensmängel hat. Als Züchter finden Sie sich bald am Ende Ihrer Laufbahn, ehe sie noch recht begonnen hat, denn die Nachzucht wird sich wahrscheinlich, wenn Sie nicht großes Glück bei der Partnerwahl hatten, ebenso schwertun.

Während der BH-Ausbildung im Sportverein ergab sich sicherlich die Gelegenheit, an einer Sackhetze für Junghunde teilzunehmen, so daß der Ausbilder schon einen Eindruck von der Veranlagung Ihres Hundes bekommt. Die Erbanlagen des Hundes bestimmen sein Verhalten; die Ausbildung kann nur fördern und lenken, nichts herausholen, was nicht vorhanden ist. Der Schutzhund sollte eine gewisse Härte und Kampftrieb, gepaart mit natürlichem Selbstbewußtsein, mitbringen, sonst ist die Ausbildung zum Schutzhund vergebene Liebesmüh.

Diese Überlegungen können Sie mit einem erfahrenen und verantwortungsbewußten Ausbilder anstellen. Sollte er der Meinung sein, Ihr Hund hat das Zeug zu einem guten Schutzhund, und Sie möchten gerne weitermachen, begeben Sie sich in seine Obhut. Die bisherige verständnisvolle Erziehung ist ein guter Grundstock.

Die Fährtenhundprüfung (FH)

Voraussetzung ist die bestandene Begleithundprüfung. Wer mit seinem Hund gerne weiterarbeiten möchte, aber keine Ambitionen für die

Der junge Hund wird mit der Hand an den Beginn der Fährte herangeführt und zum Schnüffeln auf dem Boden veranlaßt.

Schutzarbeit hat oder wessen Hund sich nicht dafür eignet, oder wer mit seinem Schutzhund die Fährtenarbeit vertiefen möchte, hat in der Fährtenhundprüfung ein interessantes Betätigungsfeld.

Der Hund lebt im wesentlichen mit seiner Nase. Zwar hört er auch viel besser als wir (deshalb schätzen wir ihn als Wachhund), aber sein größter Vorteil dem Menschen gegenüber liegt in seiner unglaublich feinen Nase, die noch Geruchsspuren wahrnehmen kann, die wir uns gar nicht vorstellen können. So erkennt er bei einem Menschen, von dem wir bestenfalls sagen »Deo vergessen«, an dessen Ausdünstungen seinen Gemütszustand: Angst, Nervosität, Streß, Gelassenheit. Medikamente und Alkohol verändern das Geruchsbild des Menschen, und je nach positiver oder negativer Erfahrung, z.B. mit alkoholisierten Menschen, reagiert ein Hund. Das erklärt so manches scheinbar unberechenbare oder unverhoffte Verhalten des Hundes.

Die Fährtenarbeit ist daher für den Hund eine natürliche und überaus interessante Betätigung, immerhin diente sie seinen Vorfahren in erster Linie bei der Nahrungssuche. Wir machen uns diese Eigenschaft beim Lawinenhund, Rettungshund, Rauschgift- und Sprengstoff-Suchhund und im Polizei-, Zoll- und Militärdienst zunutze.

Was geschieht auf der Fährte? Geht ein Mensch über eine Wiese, zertritt er Pflanzen und Kleinlebewesen, die Eigenduft hinterlassen. Sie werden sofort von Bakterien bearbeitet, was wiederum Gerüche entwickelt, und wir hinterlassen mit unseren Schuhen Geruchsspuren, mit Gummistiefeln weniger als mit durchlässigen Ledersohlen. Die Geruchsentwicklung und die Beständigkeit hängen stark von der Witterung ab, sie sind bei Trockenheit geringer als bei guter Luftfeuchtigkeit, werden bei starkem Regen jedoch verwaschen oder vom Wind verweht. Eine Wiese bietet mehr Möglichkeiten einer Duftspur durch Begehen als trockener Sand- oder Steinboden. Bei gün-

Am Ende der Fährte wartet die Belohnung, hier der Tennisball.

Die hervorragende Riechleistung des Schäferhundes befähigt ihn zum Rauschgiftsuchhund. Die Ausbildung erfolgt über den Spieltrieb, so daß sich hierfür ausgesprochen spielfreudige, lebhafte Hunde mit guter Nase eignen.

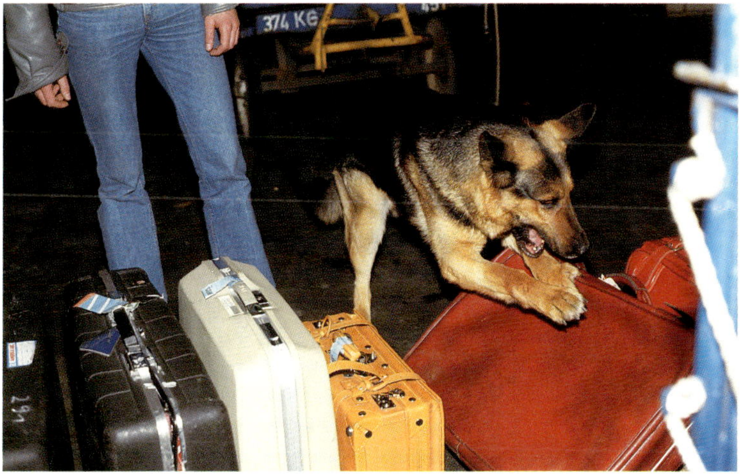

stigen Verhältnissen kann sich eine Fährte bis zu 24 Stunden halten.

Bei der Welpenerziehung gingen wir auf die ersten Schritte der Fährte, das Verknüpfen des Wortes »Such« mit der Nasenarbeit, ein. Für die Fährtenarbeit bei der Schutzhundprüfung oder die noch schwierigere Fährtenhundprüfung sollten Sie in jedem Fall den Expertenrat im Hundesportverein suchen, denn das sichere Ausarbeiten einer Fährte will gelernt sein und erfordert Fleiß und Geschick vom Hundeführer, um nach Punkten zu bestehen. Die Nasenleistung erbringt allein der Hund.

Die Wachhundprüfung (WH)

Diese Prüfung wird eigentlich viel zu sehr vernachlässigt und von den Schutzhundsportlern nicht für voll genommen. Da einige bauliche Maßnahmen notwendig sind, wird die Ausbildung relativ selten angeboten. Sie ist aber für all diejenigen eine schöne Variante, die die Schutzarbeit ablehnen oder deren Hund sich nicht dafür eignet. Der Ernstfall, in dem die Schutzhundarbeit im täglichen Leben eingesetzt werden kann, wird hoffentlich nie eintreten – einen zuverlässigen Wachhund, der verteidigt, aber nicht gleich zubeißt, kann man dagegen immer gebrauchen.

Geprüft werden folgende Disziplinen: Unterordnungsübungen wie bei der BH, Holen eines Gegenstandes, Ablegen des Hundes unter Ablenkung bei einem Gegenstand (der nächste Prüfling wird in den ersten drei Disziplinen geführt, während der Hund bei einer Aktentasche ruhig liegenbleibt), Anhänglichkeit (der Hund muß seinen Herrn in einer Gruppe Menschen finden), Besitzwahrung (Hund befindet sich an einer Kette und wird mit »Paß auf« bei einem größeren Gegenstand des Herrn zurückgelassen; ein Helfer versucht, ihm den Gegenstand abzunehmen; der Hund muß Abwehrverhalten zeigen, darf aber nicht gehetzt werden), Prüfung auf seine Wachsamkeit (z. B. in einem eingezäunten Grundstück oder an einer langen Laufkette). Wichtig ist, daß der Hund nicht beißen darf und soll.

Der Rettungshund (RH)

Der Rettungshund muß unter schwierigsten Bedingungen vermißte oder verschüttete Menschen suchen und das Finden durch Bellen anzeigen. Man unterscheidet zwischen Flächensuche zum Auffinden vermißter Menschen und der Trümmersuche, wenn Menschen unter eingestürzten Häusern, Erdrutschen und dergleichen verschüttet wurden.

Die Ausbildung der Rettungshunde besteht in der Hauptsache in der Gewöhnung der Hunde an alle möglichen Umweltgegebenheiten und Einflüsse wie Feuer, Rauch, Lärm, Wasser usw. Die Hunde müssen sich aus Hubschraubern abseilen lassen und unter Tage in eingestürzten Bergwerken arbeiten. Nur nervlich einwandfreie Hunde können diese Aufgaben bewältigen und unbeirrt und unter höchster Konzentration alleine im Gelände oder in den Trümmern nach Gerüchen fahnden, die auf Menschen, tot oder lebendig, hinweisen.

Voraussetzung für die Ausbildung ist das Beherrschen der Unterordnung für die SchHI sowie der Fährtenarbeit. Schutzdienst gehört nicht dazu. Ganz im Gegenteil, der Hund darf auch dann nicht beißen, wenn von ihm gefundene Menschen in ihrer Not beim Anblick des Hundes in Panik geraten und ihn ernsthaft bedrohen.

Die Arbeit ist anstrengend, aber sie macht Freude. Allerdings ist sie kein

Ein wesentlicher Teil der Ausbildung dient der Gewöhnung der Hunde an ungewohnte Situationen, hier das Begehen wackliger Dielen, eine besonders schwierige Übung für jeden Hund.

Lawinenhund im Einsatz.

Freizeitspaß, denn man muß damit rechnen, über Nacht in Katastrophengebiete in aller Welt abgerufen zu werden. Natürlich ist jeder Einsatz freiwillig, aber wer engagiert arbeitet, möchte auch helfen. Jeder Hund und Hundeführer wird jährlich erneut auf seine Tauglichkeit geprüft, so daß wirklich nur einsatzfähige Hunde für den Ernstfall zur Verfügung stehen.

Es gibt nicht viele Übungsplätze in Deutschland, aber wenn einer in erreichbarer Nähe ist, man körperlich fit ist und etwas Sinnvolles mit seinem Hund leisten möchte, sollte man es versuchen.

Der Lawinenhund

Die Ausbildung des Lawinenhundes findet naturgemäß in schneereichen Gebieten wie im Alpenraum statt, wo regelmäßig Kurse abgehalten werden. Voraussetzung sind auch hier die Beherrschung der Unterordnung und Fährtenarbeit. Vom Hund wird ruhiges, zuverlässiges Arbeiten bei ausgezeichneter Nasenleistung unter extremen Bedingungen erwartet.

Der Turnierhundsport

Er wird inzwischen vielerorts angeboten und ist für sportliche Hundeführer eine herrliche Beschäftigungsmöglichkeit mit dem Hund. Turniere sind in ganz Deutschland beliebt, sie sind Wettkampf und Vergnügen in einem.

In folgenden Disziplinen kann gestartet werden:

1. Vierkampf (Gehorsamsübungen, Hürdensprung, Slalomlauf, Hindernislauf),
2. Sechskampf (wie Vierkampf, zusätzlich Witterungstest oder Verlo-

Der Hindernislauf macht den Hunden sehr viel Spaß.

rensuche, Gegenstandbewachen oder Verteidigungsbereitschaft),
3. Geländelauf 2000 oder 5000 m,
4. Hindernislauf-Turnier (auf einer Bahn von 75 m Länge sind 8 Hindernisse aufgebaut, die der Hund überwinden muß).

Es kommt je nach Disziplin auf Zeit und/oder fehlerfreie Ausführung an.

Agility

Aus England kam in den letzten Jahren diese herrliche Hundesportart nach Deutschland. Noch ist es nicht ganz einfach, Übungsplätze zu finden, aber wir glauben, daß die Beliebtheit, wie in Holland, Frankreich und Belgien, bei uns rasch zunehmen wird. Ein cleverer Veranstalter hat sich diesen Hundespaß einfallen lassen, um die Pausen bei Reitturnieren für die Zuschauer interessanter zu machen. Er baute den Pferdeparcours in verkleinerter Form nach und ließ Hunde darüberspringen. Das war ein solcher Erfolg, daß Agility (Behendigkeit) heute ein verbreiteter Hundesport ist, der viele Zuschauer begeistert.

Die verschiedenen Turnierdisziplinen sind dem Reitturniersport nachempfunden. Im Gegensatz zum Turnierhundsport ändert sich der Parcours bei jeder Veranstaltung. Es geht um Fehler und Zeit wie bei den Pferden; auch dem Hundeführer wird eine gute Kondition abverlangt. Die Trainingsarbeit mit dem Hund erfordert viel Zeit und Geschick, bis er Spitzenleistungen erbringen kann.

Wer einmal gesehen hat, mit welcher Begeisterung die Hunde mitmachen, wird seinem Hund diesen herrlichen Spaß kaum vorenthalten wollen. Voraussetzung ist allerdings eine gründliche Gehorsamsausbildung, ein ausgeprägter, von Anfang an geförderter Spiel- und Lauftrieb und vor allen Dingen natürlich ein kerngesunder Hund!

Flyball

Eine neue und noch wenig verbreitete Hundesportart ist Flyball (fliegender Ball). Der Hund springt über Hindernisse hinweg zu einem Kasten, betätigt eine Taste, worauf ein Ball hochspringt, den der Hund auffängt und über die Hindernisse zurückbringt. Das ist ein schöner Bewegungsspaß für Hunde, deren Besitzer nicht fit genug sind für die Teilnahme am Turnier oder Agility.

Hütearbeit

Der SV fördert den Deutschen Schäferhund als Herdengebrauchshund (HGH). Leistungshüten bis hin zum Bundesleistungshüten sind inzwischen populäre Veranstaltungen, die große Zuschauermengen anziehen. Es werden immer mehr reinrassige Schäferhunde bei Schäfern gehalten, die an Prüfungen teilnehmen und mit Papieren des SV züchten.

Diese erfreuliche Entwicklung sichert dem Deutschen Schäferhund ein Potential an wichtigen Erbanlagen, die bei vielen Rassen leider durch einseitige Zucht auf Schönheit und/oder Schutzhundleistung verlorengegangen sind.

Wir dürfen nie vergessen, daß der Herdengebrauchshund mit seinen vielseitigen Wesensmerkmalen und seinem Arbeitshundgebäude den Grundstock für die Schäferhundzucht bildet. Leider ist die Hütearbeit nur wenigen Menschen hobbymäßig vergönnt, da sich der Deutsche Schäferhund in erster Linie für die Arbeit an großen Herden eignet.

Schäferhund bei der Hütearbeit.

KAPITEL 9

Die Gesundheit des Schäferhundes

Der Schäferhundrüde begrüßt sein »Harem«.

Es empfiehlt sich, den neuerworbenen Hausgenossen gleich einem Tierarzt vorzuführen. Der untersucht, ob der Welpe gut ernährt und gesund ist, ob das kleine Kerlchen Würmer hat. Der erste Kontakt mit dem Tierarzt sollte eine angenehme Erfahrung für den Welpen sein. Der Welpe bekommt Gelegenheit, die fremden Eindrücke des Wartezimmers und der Praxis kennenzulernen, und der Tierarzt und seine Helferinnen werden sich liebevoll dem Welpen widmen, ein paar Leckereien helfen dabei zusätzlich. Auch der Tierarzt hat Interesse daran, später einen vertrauensvollen braven Schäferhund in der Praxis zu haben und keinen tobenden, in Panik geratenen Hund bändigen zu müssen.

Der nächste Besuch wird kurz darauf stattfinden und ebenso angenehm für den Welpen sein, wobei er mit ein wenig Ablenkung, Spiel und Leckerchen den Einstich der Wiederholungsimpfungen gar nicht bemerken wird. Denken Sie immer daran, daß der ausgewachsene Schäferhund Bärenkräfte entwickelt. Man sollte daher alle möglichen Eventualitäten im Auge behalten und den Junghund, dem man noch körperlich überlegen ist, an möglichst viele ungewohnte Situationen heranführen.

Scheint der Hund unlustig, will er nicht fressen, verhält er sich auch sonst anders als üblich, so können dies Anzeichen einer Krankheit sein. Messen Sie im After die Temperatur (Thermometerspitze einfetten). Die Messung wird nach einigen Stunden wiederholt. Liegt sie auch dann noch höher als 38,8 °C (normal sind 38,0° bis 38,6°) und zeigt der Hund gar irgendwelche Hautunreinheiten oder Ausflüsse aus Augen oder Nase, wenden Sie sich sofort an den Tierarzt. Es ist billiger und besser, mehrmals vorbeugend zum Tierarzt zu gehen, als nachher eine langwierige Behandlung durchstehen zu müssen.

Niemals »kuriert« man selbst am Hund herum, auch nicht, wenn »erfahrene« Hundehalter gute Ratschläge erteilen. Niemals wird ein Hund mit einem Hausmittelchen oder gar mit Medikamenten aus der Humanmedizin behandelt, wenn das nicht ausdrücklich vom Tierarzt angeraten wurde. Was für uns heilend ist, kann für den Hund tödlich sein.

Hunde in höherem Alter sind allgemein anfällig für Nierenerkrankungen. Empfehlenswert ist es, einmal jährlich den Urin untersuchen zu lassen. Auf diese Weise können Krankheiten früh erkannt und behandelt werden.

Schutzimpfungen

Erfreulicherweise gibt es heute gegen die schweren ansteckenden Hundekrankheiten, die noch vor wenigen Jahrzehnten eine Geißel für Hundefreunde waren, zuverlässige Schutzimpfungen: gegen Staupe, Hepatitis (ansteckende Leberentzündung), Stuttgarter Hundeseuche (Leptospirose), Tollwut und seit einigen Jahren auch gegen Parvovirose und Zwingerhusten.

Bis etwa zur 7. bis 9. Woche genießt der Welpe Impfschutz durch die Muttermilch – vorausgesetzt, die Hündin wurde geimpft. Deshalb erhalten die Welpen in der 6. Woche die erste Grundimpfung gegen Parvovirose und in der 8. Woche gegen Staupe, Hepatitis und Leptospirose (SHL). Die zweite Grundimpfung erfolgt zwischen der 12. und 14., gegen Parvovirose in der 15. bis 16. Woche. Je nach Impfstoff kann gegen Parvo in der 8. Woche zusammen mit SHL geimpft werden (SHLP). Zusätzlich wird gegen Tollwut geimpft. Gegen Zwingerhusten impft man bei besonderer Gefährung ab der 6. Lebens-

Impfkalender

	6. Wo.	*8.–10. Wo.*	*ab 12. Wo.*	*Wiederholung*
Parvovirose	(X)	X	X	jährlich
Staupe	–	X	X	alle 2 Jahre oder jährlich
Hepatitis c.c.	–	X	X	alle 2 Jahre oder jährlich
Leptospirose	–	X	X	jährlich
Tollwut	–	(X)	X	jährlich

woche mit Nachimpfung in der 9., ansonsten in der 10. mit Nachimpfung in der 14. Lebenswoche.

Wichtig ist, daß der Welpe zum Zeitpunkt des Impfens vollkommen gesund und frei von Würmern und Ungeziefer ist, wenn die Impfungen anschlagen sollen. Deshalb ist eine gründliche Untersuchung durch den Tierarzt Voraussetzung vor der Impfung. Bringen Sie eine Kotprobe mit, damit sie auf Würmer untersucht werden kann, die nicht mit bloßem Auge zu erkennen sind.

Vergiftungen

Leider kommen durch unsere verseuchte Umwelt Vergiftungen immer häufiger vor. Die Symptome sind so vielfältig wie ihre Ursachen. Bei ungewöhnlichem Verhalten, Teilnahmslosigkeit, Erbrechen, Speicheln, Krämpfen, schwerem Durchfall, Blutungen unbedingt den Tierarzt aufsuchen. Es wäre gut, zu wissen, was ein Hund in welcher Menge aufgenommen hat, damit der Tierarzt sofort das richtige Gegenmittel anwenden kann. Leider weiß man das in den seltensten Fällen. Vergiftungen verlaufen daher fast immer tödlich oder richten schwere Dauerschäden an.

Häufig sind Vergiftungen durch Pflanzenschutzmittel (z.B. »Schneckenkorn«), Düngemittel, Frostschutzmittel (Glysantin), bei denen wenig Überlebenschancen bestehen. Immer wieder kommen Dicumarol-Vergiftungen vor. Dicumarol verhindert die Blutgerinnung und wird zur Ratten- und Mäusebekämpfung eingesetzt. Müdigkeit, blasse Lefzen und Augenlider, Blutungen aus dem Darm, dem Harnapparat, blutiges Erbrechen deuten darauf hin. Bei sofortiger Behandlung mit Vitamin K besteht eine gute Überlebenschance.

Hautunreinheiten

Man erkennt sie im Frühstadium daran, daß an Stellen, an denen sich der Hund kratzt oder leckt, das Haar nicht unmittelbar in seine natürliche Lage zurückfällt. Auch bei häufigem Kratzen des Hundes ohne sichtbaren Grund sollte man den Tierarzt aufsuchen, da es sich um eine Pilzerkrankung oder Milben handeln kann, die nur unter dem Mikroskop bzw. durch Gewebeproben zu erkennen sind.

Bestehen Sie gleich zu Beginn der Behandlung auf einer solchen Untersuchung und probieren nicht auf gut Glück irgendwelche Medikamente aus. Das kann u. U. teurer und für den Hund schlimmer werden! Leider sind Hautprobleme bei allen Hunden stark verbreitet.

Ekzeme können auf Allergien, Flöhen, Hormonstörungen oder Eiweißüberschuß und vielen anderen Ursachen beruhen und gehören sofort in die Behandlung des Tierarztes.

Durchfall

Er ist häufig ernährungsbedingt und oft durch einen Fastentag bei schwarzem Tee, der notfalls eingeflößt werden muß, behoben. Bei anhaltendem Durchfall jedoch, bei Blut im Stuhl, gar zusammen mit anderen Anzeichen von Unwohlsein, sofort den Tierarzt aufsuchen!

Erbrechen

Ein Hund erbricht häufiger, ohne daß man sich Sorgen zu machen braucht. Hat er zu hastig gefressen, kann es vorkommen, daß er einen Teil des Futters hochwürgt, um es anschließend wieder zu fressen. Hündinnen würgen nach wölfischer Art ihren Welpen häufig das Futter vor. Auch Rüden lassen sich zum Vorwürgen von den Welpen anbetteln. Solches Erbrochenes riecht noch nicht einmal unangenehm. Nach Grasfressen bringt der Hund gelegentlich dieses Gras zusammen mit weißem Schaum hoch. Auch das ist kein Grund zur Beunruhigung.

Wenn der Hund allerdings häufig erbricht und sich angewidert abwendet, wenn er zudem noch lustlos wirkt, wenn das Erbrochene stinkt oder verfärbt ist (z.B. quittegelb, schwärzlich), suchen Sie *sofort* tierärztlichen Rat.

Magendrehung

Der Magen bläht sich durch Gase auf und dreht sich schließlich um die eigene Achse, Mageneingang und -ausgang sind verschlossen. Die Hunde zeigen hinter den Rippenbögen ein- oder beidseitige Wölbungen, gespannte Bauchdecke, erschwerte Atmung, sie sind unruhig, setzen sich z. T. auf die Hinterhand und zeigen gelegentlich Würgeerscheinungen.

Erkennt man die Blähung rechtzeitig, kann der Tierarzt durch Ablassen der Gase helfen. Bei der Magendrehung hilft nur sofortige Operation, doch sind die Rettungschancen eher gering. Vorbeugend soll es nützlich sein, Hunden mehrmals täglich kleinere Portionen einwandfreies, gut eingeweichtes, nicht suppiges Futter zu reichen und nach dem Fressen Springen und Toben zu vermeiden.

Scheinschwangerschaft

Die scheinträchtige Hündin zeigt alle Symptome der Trächtigkeit, sie »baut« ein Wurflager und sammelt »Welpen« in Form von Spielzeug um sich herum, sie kann sogar Milch geben.

Bis vor kurzem betrachtete man die Scheinträchtigkeit als Hormonstörung. Tatsächlich ist sie eine sinnvolle Einrichtung der Natur, denn im Wolfsrudel darf nur die Alphahündin, die beste und stärkste des Rudels, werfen. Um die Aufzucht der Jungen unter allen Umständen zu garantieren, können andere weibliche Tiere aufgrund ihrer Scheinschwangerschaft einspringen und sogar die Mutter ersetzen.

Keinesfalls sollte man die Hündin,

die zu ausgeprägter Scheinschwangerschaft neigt, hormonell behandeln lassen. Wird ihr Verhalten lästig (in seltenen Fällen wird die Hündin zeitweise aggressiv), sollte man sich eine Kastration überlegen. Ihr einmal einen Wurf zu gönnen, löst das Problem nur in den seltensten Fällen.

Parasiten

Jeder noch so gepflegte Hund hat irgendwann einmal in seinem Leben Würmer und Ungeziefer.

Würmer

Besonders anfällig dafür sind Welpen. Am häufigsten kommen Spulwürmer, gelegentlich Band-, Peitschen- und Hakenwürmer vor. Spulwürmer kann man in Kot und Erbrochenem finden, Bandwurmglieder im Kot oder am After klebend, Peitschen- oder Hakenwürmer sind nur unter dem Mikroskop sichtbar.

Erwachsene Hunde leiden seltener unter starkem Wurmbefall. Glanzloses Haar und verschleimte Augen sind oft ein Hinweis auf diese ungebetenen Gäste. Jährlich sollte mindestens eine Wurmkur vorgenommen werden. Der Tierarzt kann anhand von Kotuntersuchungen feststellen, ob und welche Würmer vorhanden sind, und danach die Behandlung ausrichten. Da die üblichen Wurmpasten meist nur gegen Spulwürmer helfen, stets zum Tierarzt gehen.

Ungeziefer

Im Sommer leiden Hunde oft unter Zecken, Flöhen und Milben. Läuse kommen dagegen relativ selten vor. Schützen Sie Ihren Hund während der Sommerzeit mit einem Antifloh-

Äußere und innere Parasiten:
a) Hundefloh (2–3,5 mm)
b) Zeckenmännchen
c) Zeckenweibchen (beide einige mm)
d) Haarbalgmilbe (0,3 mm)
e) Herbstgrasmilbe (0,2–0,5 mm)
f) Grabmilbe (0,4 mm)
g) Spulwurm
h) Bandwurm

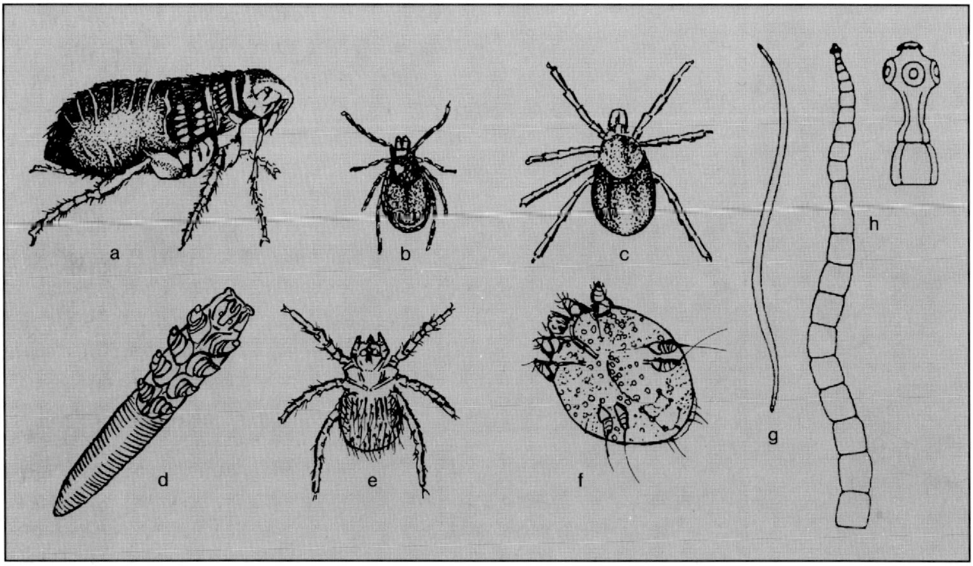

halsband, das etwa drei bis sechs Monate Ungezieferbefall wirksam verhindert und auch das Hundebett mit schützt.

Hat Ihr Hund trotzdem einmal **Flöhe** aufgeschnappt, gibt es viele wirksame Mittel dagegen (erhältlich im Zoofachhandel und beim Tierarzt). Da sich Flöhe schubweise in Ritzen und Ecken entwickeln, ist eine Langzeitbehandlung erforderlich, die die Umgebung des Hundes mit einschließen muß. Zur wirksamen Behandlung gibt es unter anderem Sprays und Shampoos. Flohhalsbänder haben eher eine vorbeugende Wirkung bzw. schützen nach einer erfolgreichen Flohbekämpfung vor allzu schnellem »Neubefall«.

Zecken bohren sich in die Haut und saugen sich voll Blut, bis sie wie dicke graue Erbsen aussehen. Mit der im Zoofachhandel erhältlichen Zekkenzange kann man die Quälgeister mühelos entfernen. Sie gehört unbedingt ins Urlaubsgepäck.

Von den **Milben** gibt es verschiedene Arten, am häufigsten sind Milben im äußeren Gehörgang (Ohrmilben) oder an Pfoten und Läufen (Grasmilben). Besonders hartnäckig ist die Demodex-Milbe, die insbesondere beim gestreßten Hund ausbricht und nur schwer unter Kontrolle zu bekommen ist. Sie fällt zuerst durch kahle Haut um die Augen und auf dem Nasenrücken auf. Besonders anfällige Tiere können am ganzen Körper befallen werden und durch Sekundärinfektionen durch Bakterien in der Haut schwere Ekzeme bekommen. In manchen Fällen ist eine Heilung gar nicht mehr möglich. Deshalb sollten Hautveränderungen immer vom Tierarzt festgestellt und gezielt behandelt werden.

Erbkrankheiten

Alle Hunde leiden, ebenso wie wir Menschen, unter Erbkrankheiten. Die Fortschritte in der genetischen Forschung geben immer bessere Einblicke in die Vorgänge der Vererbung, ja man ist heute sogar so weit, im Erbgut Krankheiten und Lebensdauer zu erkennen – noch unter reinen Laborbedingungen und eher auf theoretischer Basis, aber es ist nur eine Frage der Zeit, bis man für jedes Lebewesen einen »Genspiegel« erstellen kann, der genaue Auskunft über erwünschte und unerwünschte Anlagen gibt – eine Horrorvorstellung, mit der sich heute schon Lebens- und Krankenversicherer befassen! Das heißt, daß viel mehr Krankheiten oder die Veranlagung dazu vererbt werden, als man gemeinhin annehmen möchte.

Wie immer, wenn natürliche Auslese oder Auslese nach reiner Gebrauchstüchtigkeit wegfallen, treten die im Erbgut versteckten Merkmale zutage. Oft dauert es lange, bis man diese Erbkrankheiten erkennt und züchterische Gegenmaßnahmen ergreifen kann.

Ein vielbenutzter Deckrüde z. B. kann jahrelang eine Erbkrankheit verbreiten, ohne sie selbst zu haben, und eine Krankheit, die bisher bei der Rasse vollkommen unbekannt war, kann sich binnen weniger Jahre zu einem echten Rasseproblem entwickeln.

Deshalb ist es wichtig zu wissen, welche Erbkrankheiten bei der Rasse auftreten, wenn auch noch so selten. Man sollte sie früh erkennen, um dem

Hund rechtzeitig wirksam helfen zu können und zu verhindern, daß er in der Zucht eingesetzt wird. Es ist oberste Aufgabe der Züchter und des Zuchtvereins, Erbkrankheiten als solche zu erkennen und ihre Verbreitung durch entsprechende Zuchtmaßnahmen zu vermeiden.

Schon bei gehäuftem Auftreten irgendwelcher krankhafter Merkmale innerhalb einer Familie muß von einer Erblichkeit ausgegangen werden, sofern ungünstige Umweltbedingungen, denen alle betroffenen Hunde gleichermaßen ausgesetzt waren, ausgeschlossen werden können. Offenheit der Züchter untereinander, nicht das Tuscheln hinter vorgehaltener Hand, helfen, eine Rasse gesund zu erhalten.

Erbkrankheiten sind unter Hundezüchtern immer ein heißes Eisen und werden vorzugsweise verschwiegen, verharmlost und oft genug anderen Züchtern in die Schuhe geschoben. Diese leider weit verbreitete Einstellung ist natürlich dumm und kurzsichtig. Kein Züchter »kann« für das Auftreten der Krankheiten. Er ist aber für die Verbreitung verantwortlich, wenn er nicht offen darüber spricht und entsprechende Vorsorgemaßnahmen einleitet bzw. die Hunde aus der Zucht nimmt.

Leider sind die meisten Erbkrankheiten nicht offensichtlich, oder man kann nur vermuten, daß ein Hund Erbträger ist, weil bestimmte Mängel bei seiner Nachzucht gehäuft vorkommen. Das macht die Sache nicht leicht, insbesondere, da ein Züchter viel in seine Zucht investiert und oft beträchtliche Summen für Schäferhunde bezahlt werden.

Die Gesundheit einer Rasse liegt in Händen der Züchter. Ganz ausrotten kann man Erbkrankheiten nie, aber der Züchter muß bestrebt sein, nach bestem Wissen und Gewissen nur mit gesunden Hunden zu züchten, soweit dies für ihn kontrollierbar ist.

Wir führen hier nur kurz die wesentlichen Erbkrankheiten an, die auch bei Schäferhunden beobachtet wurden.

Hüftgelenksdysplasie

Die HD ist eine bei Menschen und Hunden weitverbreitete Krankheit, die neben der erblichen Veranlagung auch stark von Aufzucht (Fütterung) und Haltung (Aufzucht auf glatten Böden, Überbeanspruchung des Junghundes) beeinflußt werden kann.

Sie ist eine Fehlbildung des Hüftgelenks, bei der Oberschenkelkopf und Hüftgelenkspfanne nicht mehr richtig zusammenpassen; in schweren Fällen renkt sich das Gelenk aus, und es bilden sich schmerzhafte Arthrosen. Die Diagnose kann nur durch eine Röntgenaufnahme der Hüfte bis einschließlich Kniegelenke bei Vollnarkose in vorgeschriebener Position im Alter von über 12 Monaten erfolgen. Das sog. Vorröntgen mit 6 Monaten kann nur annähernd genau sein.

Seit 1966 kontrolliert der SV die HD. Die von bestimmten Ärzten gemachten Röntgenaufnahmen werden an einer Tierärztlichen Hochschule ausgewertet. Die Befunde lauten: »normal«, »fast normal« oder »noch zugelassen«, mittlere und schwere HD. Bei normal, fast normal und noch zugelassen bekommt der Hund in seiner Ahnentafel den sog. »a«-Stempel, mit leichter HD darf noch gezüchtet werden, bei schwerer HD besteht Zuchtverbot. Erstrebt wird natürlich das »a« für jeden Hund, wobei man sich im klaren sein muß: Auch ein Hund mit leichter HD kann das »a« bekommen!

Osteochondrosis dissecans (OCD)

Abgesplitterte Knorpel- und Knochenteilchen (»Gelenkmäuse«) liegen frei im Gelenk. Am häufigsten sind die Schultergelenke, Ellbogen- und Kniegelenke betroffen. Die Hunde zeigen Lahmheit und Schmerz. Laut Willis könnte eine Überdosierung an Kalzium die Krankheit fördern, doch es besteht eine familiäre Veranlagung, bei der mehrere Gene mitwirken (polygen). Eine Operation kann helfen, in belasteten Familien muß man züchterische Konsequenzen ergreifen.

Hornhautentzündung

Es handelt sich um eine chronisch verlaufende, oberflächliche Entzündung der Hornhaut (Keratitis superficialis chronica). Der Prozeß beginnt meist im äußeren Augenwinkel, die Hornhaut wird trübe, die Lidbindehaut ist gerötet. Es bildet sich ein Gewebe, das schließlich die Hornhaut überwuchert. Eine Behandlung mit Salben, Injektionen und schließlich Operation führt relativ selten zur Heilung.

Chronische exokrine Pankreasinsuffizienz (CPI)

Die Bauchspeicheldrüse erfüllt wichtige Funktionen im Bereich der Verdauung von Eiweißen, Fetten und Kohlenhydraten. Sie sondert Enzyme in den Darm ab, ohne die die Nahrung nicht richtig verdaut werden kann. Ein an chronischer Bauchspeicheldrüsenunterfunktion leidender Hund kann trotz reichlichen Fütterns nach und nach verhungern. Die Ursachen sind unbekannt, eine Erblichkeit wird angenommen. Symptome treten meist bei jungen und mittelalten Hunden auf.

Verdacht auf CPI besteht bei folgenden Erscheinungen: Durchfälle,

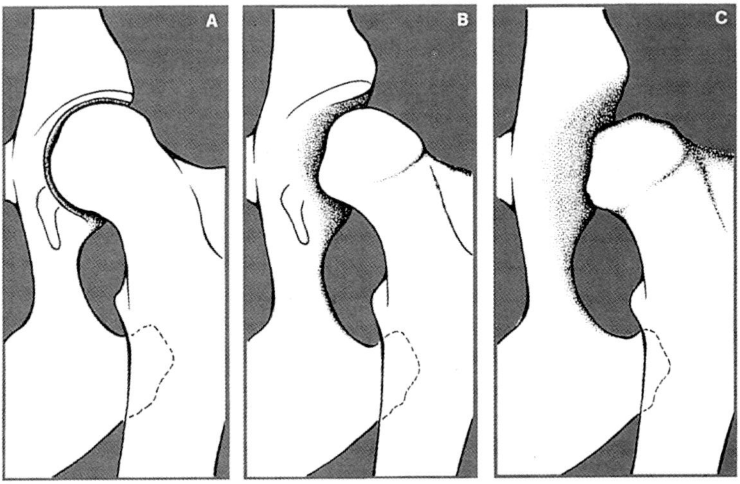

A) Normales Hüftgelenk eines HD-freien Hundes bei gestreckten Hinterläufen.

B) Mittelschwere HD; deutlich sichtbare Veränderungen an Gelenkpfanne und Oberschenkelkopf.

C) Schwere HD; die stark abgeflachten Gelenkpfannen und stark veränderten Gelenkköpfe rufen schmerzhafte Verrenkungen (Luxationen) hervor.

Heißhunger, Abmagerung. Der Durchfall riecht säuerlich, er ist blaß, schaumig, glänzend, bei fettreicher Kost auffallend grau. Oft kann man unverdaute Bestandteile des Futters im Kot finden. Kranke Hunde neigen dazu, ihren eigenen, nur halbverdauten Kot aufzufressen. Gesund werden solche Hunde trotz Behandlung nie, man kann durch sorgfältige Diätfütterung eine Besserung erzielen. Das Futter sollte möglichst fettarm sein, das Fleisch kleingeschnittenes, gekochtes reines Muskelfleisch. Man verteilt die Tagesration besser auf mehrere kleinere Portionen.

Rückenmarkshautverknöcherung (Pachymeningitis spinales ossificans)

Das Rückenmark wird von Häuten umgeben. Beim älteren Hund, meist ab dem 7. Lebensjahr, kann diese Rückenmarkshaut verknöchern, vorwiegend im Lendenwirbelbereich. Diese harte Verknöcherung drückt auf das Rückenmark, was zu Störungen der Nervenfunktionen führt. Erkennen kann man dies an schlaffen Lähmungen und Muskelschwund.

Der Hund hat zwar glücklicherweise keine Schmerzen, zeigt jedoch Lahmheit in beiden Hinterbeinen. Zu Beginn der Erkrankung bemerkt man nur gelegentliches Schleifen der Pfote auf dem Boden, Stolpern und Schwanken. Später zieht der Hund die Hinterbeine nach. Die derzeit bekannten Behandlungsmöglichkeiten sind leider wenig erfolgversprechend.

Epileptiforme Anfälle

Krampfanfälle kommen bei Hunden relativ häufig vor und können viele Ursachen haben, z. B. starker Wurmbefall bei jungen Hunden, Bleivergiftungen, Gehirntumore, Blutgerinnsel im Gehirn aufgrund von Unfällen u.v.a. Es ist wichtig, die Ursache vom Tierarzt feststellen zu lassen, insbesondere bei einem zur Zucht vorgesehenen Tier. Die Diagnose ist meist sehr schwierig.

Kann keine Ursache gefunden werden, geht man von einer sogenannten »echten« (genuinen) Epilepsie aus, die erblich und familiengehäuft anzutreffen ist. Keinesfalls sollte man mit einem an Krämpfen leidenden Tier züchten. Die Anfälle können, wie beim Menschen, in vielen Fällen medikamentös unter Kontrolle gehalten werden.

Haemophilie A (Bluterkrankheit)

Es handelt sich um eine erbliche Blutgerinnungsstörung, die geschlechtsgebunden rezessiv vererbt wird. Die Aktivität des Blutgerinnungsfaktors VIII ist gestört und verhindert die Blutgerinnung. Die Krankheit wird schon in früher Jugend deutlich, durch Blutergüsse, Schleimhautblutungen, Blutungen aus Körperöffnungen (z. B. Nasenbluten) und in die Körperhöhlen und Gelenke. Nach Anstrengungen können sich in der Muskulatur Blutergüsse bilden. Die Tiere verbluten schon bei kleinsten Verletzungen. Man bemerkt auch Lahmheit, Schwellungen der Gelenke. Die Lebenserwartung ist gering.

Die Krankheit tritt vorwiegend bei männlichen, sehr selten auch bei weiblichen Tieren auf. Da der Faktor VIII nicht gänzlich ausfallen muß, gibt es häufig die mildere Form, die sich höchstens durch Nachblutungen bei Operationen bemerkbar macht. Schwere Fälle überleben selten die Welpenzeit und entgehen somit tierärztlichen Statistiken. Bei Vermeidung von Verletzungen und großer Anstrengung können Bluter durchaus »normal« erscheinen und so kranke Rüden zur Zucht verwendet werden.

Es gibt heute spezielle Bluttests, mit denen man diese Bluterkrankheit einfach und eindeutig feststellen kann. Da man als Züchter dankbar sein muß, wenn es technische Möglichkeiten gibt, Erbkrankheiten zu erkennen, sollte man sie auch nutzen. Es wäre empfehlenswert, wenn Deckrüden grundsätzlich untersucht würden. Das würde der Rasse erheblich weiterhelfen, denn das Problem ist immer noch groß genug, da die Erbträger-Hündinnen sehr viel schwieriger zu identifizieren sind.

Hypophysärer Zwergwuchs

Es handelt sich um eine Funktionsstörung der Hirnanhangsdrüse, die das Wachstum beeinflußt. Sie kommt sporadisch oder familiär gehäuft vor. Die Mutation soll um 1940 bei Schäferhunden in Deutschland entstanden sein und wurde bisher hauptsächlich auch bei dieser Rasse beobachtet, kommt jedoch auch bei anderen Rassen vor.

Die Zwerge erscheinen bei der Geburt normal, bleiben aber in der weiteren Entwicklung deutlich kleiner als ihre Wurfgeschwister. Das Fell ist merklich kürzer und zeigt keine langen Grannenhaare, das Welpenfell geht um den 12. Monat herum aus und bleibt nur noch an Pfoten und Ohren. Die nackte Haut wird schuppig, runzlig und schwarz. Der Fang erscheint meist ziemlich kurz. Es handelt sich um ein autosomal rezessives Gen. Laut Willis ist mit häufigerem Auftreten dieser Erscheinung in den nächsten 10 Jahren europaweit zu rechnen.

Kryptorchismus

Beim Kryptorchismus liegen ein oder beide Hoden nicht im Hodensack, sondern in der Bauchhöhle oder im Leistenkanal. Die Ursachen können vielfältig sein. Es kommt sehr selten vor, daß keine Hoden vorhanden sind. Beim Kauf eines Rüdenwelpen sollte man sich unbedingt vergewissern, daß beide Hoden im Hodensack deutlich fühlbar sind.

Da Kryptorchismus erblich ist, hat es auch keinen Sinn, bei »verspätet« herabsteigenden Hoden mit Hormonbehandlungen etc. nachzuhelfen. Der Hund wird diesen Mangel immer vererben, weil man seine Hoden ja nur durch äußere Einflüsse in die richtige Lage brachte. Operative Eingriffe zum Vortäuschen korrekter Hodenlage sind natürlich nicht gestattet. Allerdings sollte man nicht herabgestiegene Hoden in jedem Fall operieren lassen, da in späterem Alter die Neigung zur Tumorbildung besteht. Ein-und Ohnhoder sind selbstverständlich aus der Zucht ausgeschlossen, auch wenn Einhoder zeugungsfähig sein können.

KAPITEL

10

Pflege und Hygiene beim Schäferhund

Der elegante schwarze V-Rüde »Atze vom Zülpicher See« ist Bundesleistungssieger und zeigt eine schöne Steh-Übung, wie sie bei der SchH III verlangt wird.

Die Fellpflege

Glücklicherweise benötigen wir für dieses Kapitel nur wenig Raum. Der Deutsche Schäferhund wurde als pflegeleichte Rasse gezüchtet, das heißt, sein Fell muß so zweckmäßig sein, daß es den Hund bei schlechtem Wetter schützt und nicht etwa behindert. Wird er bei einem Feldspaziergang so richtig dreckig, fallen trockener Sand oder Lehm beinahe von selbst wieder ab. Dennoch bedarf der Deutsche Schäferhund regelmäßiger Fellpflege.

Kommt Ihr Hund schmutzig vom Spaziergang nach Hause und hat nicht die Möglichkeit, sich in einem luftigen, hellen Kellerraum oder Zwinger »sauberzutrocknen«, ehe er wieder in die Wohnung darf, stellen Sie einen Eimer voll Wasser mit einem Fensterleder für die Rückkehr parat. Mit dem ausgewrungenen Leder putzen Sie die Unterseite des Hundes und die Pfoten ab. Das Leder saugt Feuchtigkeit und Schmutz auf, der Hund ist schnell und mühelos »wohnungsrein«.

Das regelmäßige Striegeln fördert den intensiven sozialen Kontakt mit dem Hund. Man erkennt Hautveränderungen und Ungezieferbefall im Frühstadium, und ein gepflegter

Schäferhund mit glänzendem Fell ist eine Augenweide.

Zum Haarwechsel ist gründliches Ausbürsten mit anschließendem Bad fällig. Das hat den Vorteil, daß man sich nicht wochenlang mit unendlich vielen, feinen, weichen Hundehaaren auf Teppichen, Möbeln und an Kleidern herumplagen muß. Ausgehende Schäferhundwolle ist für jede Hausfrau ein Alptraum!

Wenn sich die Unterwolle in dikken Flocken oder Platten von der Haut löst (man kann sehr gut sehen, wenn die Unterwolle nur noch in den Grannenhaaren hängt und nicht mehr in der Haut steckt), wird der ganze Hund mit einem groben Kamm oder Striegel gründlich ausgebürstet. Eine Mülltüte bekommt man ohne Schwierigkeiten voll!

Anschließend wird der Hund an einem warmen Tag in der Wanne gebadet. Bitte achten Sie darauf, Wanne oder Dusche mit einer rutschfesten Matte auszulegen. Der Hund wird mit lauwarmem Wasser abgebraust und mit einem rückfettenden Hundeshampoo (im Fachhandel erhältlich) gewaschen. Anschließend wird sorgfältig auch der kleinste Seifenrückstand aus dem Fell gespült. Noch ehe sich der Hund im Badezimmer schütteln konnte, legt man ihm Handtücher um und befördert ihn nach draußen. Dort darf er sich schütteln, und er wird meist ausgelassen herumtoben. Anschließend wird der ganze Hund gründlich trockengerubbelt. Damit ernfernt man noch die letzte tote Wolle aus dem Fell.

Achten Sie bitte darauf, daß keine Hundewolle in der Gegend herumfliegt. Wenn sie von Weidetieren mit dem Gras gefressen wird, können sie davon eingehen. Nach dem Trockenrubbeln wird noch einmal gründlich gestriegelt. In den nächsten drei Tagen bürstet man den Hund gründlich mit und gegen den Strich und rubbelt ihn mit einem groben, trockenen Tuch ordentlich ab. Auf diese Weise beschränkt man den lästigen Haarwechsel auf wenige Tage, und das neue Haar kann um so schöner nachwachsen.

Ohren

Die offenen Stehohren des Schäferhundes geben selten Anlaß zu Beschwerden. Man kontrolliert sie dennoch regelmäßig auf Parasiten und Schmutz. Gelegentlich kann man die Ohrmuschel mit einem Stück um den Finger gewickelter Mullbinde auswischen.

Die beste Kontrolle ist die mit der Nase: Verändert sich der typische angenehme Ohrengeruch, hält der Hund den Kopf schief und kratzt sich hinter dem Ohr, sollte man den Tierarzt nachsehen lassen, ob sich Milben eingenistet haben oder ein Fremdkörper zu tief ins Ohr gelangen konnte. Ohrenentzündungen sind außerordentlich schmerzhaft und nicht so leicht zu heilen, deshalb sollte man es gar nicht erst dazu kommen lassen!

Augen

Es genügt, morgens das Augensekret mit einem Taschentuch auszuwischen. Jegliche starke Verschleimung, Trübung, Rötung der Bindehaut usw. dem Tierarzt vorführen.

Die Pflege des Gebisses

Die Zähne sind das wichtigste Handwerkszeug des Hundes. Sie sollen bis ins hohe Alter gesund und funktionstüchtig bleiben. Insbesondere der Schutzhund ist auf die Benutzung seines Gebisses angewiesen. Wir haben schon erlebt, daß erfahrene, zuverlässige Hunde plötzlich nicht mehr beißen wollten. Erst nach langem Frust, allen möglichen Versuchen, den Hund wieder dazu zu bringen, stellen wir eine böse Zahnfleischentzündung, ja gebrochene oder gespaltene Backenzähne fest!

Regelmäßige Gebißkontrolle ist wichtig. Mit einem Zahnsteinentferner löst man aufkommenden Zahnbelag mühelos ab. Hat er sich bereits in häßlichen, grau-braunen Placken abgesetzt, entfernt ihn der Tierarzt mit einem Ultraschallgerät. Danach aber bitte selbst sauberhalten! Im Zoofachhandel oder beim Tierarzt kann man Ihnen zeigen, wie es geht, und Sie erhalten die nötigen Utensilien (spezielle Zahncreme oder auch kleine Instrumente zum vorsichtigen Abkratzen des Zahnsteines).

Zuviel Zahnstein führt zu schmerzhaften Zahnfleischentzündungen bis hin zu Zahnausfall. Regelmäßig etwas Zitronensaft oder püriertes Obst unters Futter gemischt, beugt durch die Säure dem Zahnsteinbefall vor.

Das Knabbern von harten, trockenen Brotrinden, Knochen und Kauknochen, Rinderhufen, rohen Möhren und Äpfeln etc. trägt erheblich zur Erhaltung gesunder Zähne bei.

Krallen und Pfoten

Nach jedem Spaziergang werden alle vier Pfoten im Ballen- und Zwischenzehenbereich nach Dornen, Splittern, kleinen Steinchen, Körnern von Düngemitteln (besonders nach der Fährtenarbeit in Feld oder Wiese), Kletten und Grassamen abgesucht. Besonders unangenehm sind Grassamen, die sich in die Haut bohren und wegen ihrer Widerhaken an den Grannen festsitzen. Sie verursachen böse Entzündungen. Bitte machen Sie sich die kleine Mühe zur Routine! Im Winter sollen die Pfoten nach jedem Spaziergang von eventuellen Salzresten befreit werden.

Die Krallen dürfen nicht zu lang werden, denn sie hindern den Hund beim Laufen. Oft sind die starken Krallen mit einer üblichen Krallenschere nicht mehr zu kürzen. Halten Sie die Krallen deshalb mit einer groben Feile kurz, wenn sie sich nicht von selbst abnutzen.

Analdrüsen

Links und rechts des Afters sitzen die Analdrüsen, die dem Kot den hundeeigenen Körpergeruch geben. Sie können verstopfen und sich entzünden. Der Hund zeigt das durch sogenanntes »Schlittenfahren« an: Er rutscht mit dem Hinterteil über den Boden. Lassen Sie sich vom Tierarzt zeigen, wie man die Analbeutel ausdrückt.

KAPITEL 11

Vom Wolf zum Schäferhund

»Cave Canem« (Warnung vor dem Hund) ließen sich schon die Römer in ihre wunderschönen Mosaike einlegen. Der Wachhund ist unverkennbar ein Schäferhundtyp.

Die ältesten Knochenfunde von Haushunden sind schätzungsweise 12 000 Jahre alt und stammen sowohl aus der Alten als auch aus der Neuen Welt. Wann allerdings der Wolf den Weg ins Menschenlager fand und dort heimisch wurde, ist ungewiß. Es gilt als wissenschaftlich gesichert, daß ausschließlich der Wolf als Urahn aller heute lebenden Hunde in Frage kommt.

Die vielen Gemeinsamkeiten seiner Lebensweise mit der der damals lebenden Menschen erleichterten den Entwicklungsprozeß vom Wildtier zum Haustier. Wolf und Mensch durchstreiften das Land auf der Suche nach Nahrung. Da mag der eine dem anderen die Beute abgeluchst haben. Konkurrent war man nicht, man nutzte allenfalls die Fähigkeiten des anderen. Der Wolf war mit den Menschen vertraut, verfolgte die Sippe bei ihren Wanderungen, zeigte frühzeitig herannahende Herden an und warnte vor Gefahr. Auch wird der Mensch Freude an Jungwölfen gehabt haben, und da sich Wolfswelpen leicht zähmen lassen, gab es den »Hauswolf« sicherlich schon lange vor den erwähnten Knochenfunden.

Die Situation änderte sich grundlegend, als der Mensch begann, Haustiere zu halten und zu züchten. Jetzt wurde der freilebende wilde Wolf – ehemals Partner des Menschen – zum Feind, denn Haustiere waren leichte Beute. Dem räuberischen Feind »Wolf« war aber nur ein Lebewesen gewachsen: der Hund. Die zahmen »Hauswölfe« erlangten größere Bedeutung denn je. Sie betrachteten ihre Sippe – einschließlich der Haustiere – als zu ihrem Rudel gehörig, das es zu beschützen galt.

Dies dürfte auch der Zeitpunkt gewesen sein, zu dem der Mensch beschloß, eine gewisse Zuchtauslese zu treffen. Besonders große, scharfe

Bronzegriff aus der Zeit des römischen Kaisers Augustus (Original im Museum für Kunst und Geschichte in Genf; aus »Der deutsche Schäferhund« von E.v. Otto, Parey-Verlag 1925).

Hunde bewachten die Herden, solche mit besonders feiner Nase begleiteten die Männer auf der Jagd, wachsame Kläffer blieben in den Dörfern bei den Frauen, und fiel einmal ein außergewöhnlich gezeichneter, gefärbter oder besonders kleiner Welpe, wurde er aus Neugier aufgezogen.

Warum sollen die Menschen damals weniger Freude an einem hübschen, ausgefallenen Hund gehabt haben als wir heute? In guten Zeiten dürften auch »unnütze« Hunde geduldet worden sein, in schlechten wurden sie gegessen.

So entwickelten sich im Laufe der Jahrtausende zahlreiche Hunderassen, die bis vor gut 100 Jahren ausschließlich für einen bestimmten Zweck gezüchtet wurden. Davon ausgenommen sind die Schoßhunde der feinen und reichen Damen, die schon in der Antike geschätzt wurden.

Der wehrhafte Schutzhund der Herden, der Hirtenhund, konnte nicht groß und stark genug sein, um Wölfe und zweibeinige Diebe zu stellen und zu verjagen. Er war das kostbarste Gut der Viehzüchter. Doch mit der Erfindung der Feuerwaffen begann der Mensch, die ihm gefährlichen Raubtiere auszurotten. Und um Diebe in Schach zu halten, bedurfte es keines wehrhaften Hirtenhundes mehr. Das schaffte jeder kleinere Dorfköter. Es war also nicht mehr notwendig, die mächtigen Hirtenhunde weiter zu züchten, denn niemand erhielt die Hunde um ihrer selbst willen. Sie verschwanden aus dem Alltagsbild.

Glücklicherweise blieben uns so herrliche Rassen wie der Pyrenäenberghund, Kuvasz, Sarplaninac, Cao de Serra da Estrela, Akbash und einige andere mehr in abgelegenen Gebieten Europas und Asiens erhalten, wo sie noch heute die Herden bewachen. Hierzulande verblieben einige der alten Hirtenhunde als Schutzhunde großer Höfe und Anwesen, die etwas umgänglicher und nicht mehr ganz so mächtig waren, z.B. die Vorfahren des Hovawart.

Damals wurde das Vieh auf tage- und wochenlangen Fußmärschen von den Weideplätzen in die Marktflecken getrieben. Kräftige, ausdauernde, wehrhafte Treibhunde, die sich ebenfalls aus den ursprünglichen Hirtenhunden entwickelt haben dürften, begleiteten die Herden. Hier denken wir an Rottweiler, Riesenschnauzer, Bouvier des Flandres und Schweizer

Sennenhunde. Auch sie wären mit dem Aufkommen moderner Transportmittel verschwunden, wenn sich nicht Hobbyzüchter ihrer angenommen hätten.

Mit der Industrialisierung, insbesondere der Tuch- und Textilindustrie, gewann die Schafzucht als Rohmateriallieferant an Bedeutung. Gleichzeitig wurde die Landwirtschaft intensiviert. Ein völlig neuer Hund wurde benötigt: der Schäferhund. Seine Aufgabe war es, in den dicht besiedelten und landwirtschaftlich genutzten Gebieten die Schafe zu treiben, zusammenzuhalten und zu verhindern, daß diese in Ackerland einbrachen und damit die Ernten gefährdeten. Ein wendiger, aufmerksamer und von sich aus arbeitsfreudiger Hund war hier vonnöten, der den ganzen Tag auf den Beinen sein konnte und die Schafe nicht aus den Augen ließ.

Hohe Anforderungen an Intelligenz, Gesundheit und Arbeitseifer wurden an den Schäferhund gestellt. Er mußte sowohl selbständig arbeiten als auch auf Fingerzeig gehorchen, zart im Umgang mit den Lämmern und voller Durchsetzungskraft bei den Böcken sein. Selbstsicherheit war gefragt, dennoch mußte der Hund lenkbar sein. Ausgeprägter Schutztrieb gegenüber den Schafen vor Dieben und anderen Gefahren gehörte ebenfalls zur Palette seiner Wesenseigenschaften.

Ganz sicher griffen die Schäfer bei der Wahl ihrer neuen Hunde auf die leichteren Treib- und Hofhundschläge zurück. Die Hütearbeit hat Ähnlichkeit mit dem Rudeljagdverhalten des Wolfes, so daß den Hunden viele nützliche Eigenschaften angeboren sind. Ausbildung und Zuchtauslese traten unterstützend hinzu, ein neuer Arbeitsspezialist wurde herangezüchtet.

Eine Revolution in der deutschen Schafzucht wurde mit dem Import der feinwolligen spanischen Merinoschafe im 18. Jh. eingeleitet. Württemberg galt als »Schafmutter« aller benachbarten Länder, und in Württemberg lag letztlich die Wiege des Deutschen Schäferhundes. Da Schafe stets mit Hunden unterwegs sind, gelangten selbstverständlich auch spanische Hütehunde mit nach Deutschland. Es gibt einige noch nicht offiziell anerkannte Schäferhundrassen, einige sind dem zotthaarigen altdeutschen Schäferhund nicht unähnlich; z. B. soll der ungarische Puli mit den Merinos nach Ungarn gelangt sein.

Delalix beschreibt in ihrem Buch »Los Perros Espanoles« den Schäferhund von Leon: »Man kann ihn am ehesten mit einem primitiven deutschen Schäferhund, dem Vorfahren

Holzschnitt »Der Schäferhund« aus Buffon, 1773.

Deutscher langhaariger (zottiger), rauhhaariger (spitzhaariger) und kurzhaariger Schäferhund aus »Geschichte und Beschreibung der Rassen des Hundes« von Ludwig Beckmann, 1895.

des modernen Deutschen Schäferhundes, vergleichen. Er hat Stehohren, der Körperbau ist gestreckt, das Gesicht wolfsartig, der Ausdruck aufmerksam. Er arbeitet schnell und außerordentlich präzise, und er greift, ohne zu zögern, Fremde an, die seinem Haus oder der Herde zu nahe kommen. Er ist ein ausgezeichneter Wachhund.«

Es ist durchaus denkbar, daß dieser Schäferhund in Württemberg, aber auch in Thüringen, wohin ebenfalls große Herden Merinoschafe eingeführt wurden, Einfluß auf die dortige Schäferhundezucht nahm. Tatsächlich sah ich diese Schäferhunde bei meiner letzten Spanienrundreise noch sehr häufig, insbesondere in den vom Tourismus unberührten Regionen Zentralspaniens.

Für den deutschen Schäfer spielte es keine Rolle, woher die Hunde kamen oder wie sie letztlich aussahen. Wichtig war ihre Eignung im Gelände. In den verschiedenen Gebieten wurden unterschiedliche Typen bevorzugt, weil sie sich durch besondere Eigenschaften auszeichneten. Heute noch gilt der zotthaarige altdeutsche Schäferhund in den trockenen Mittelgebirgen als besonders ausdauernd, weil er lange Zeit ohne Wasser auskommen kann. In Gebieten mit vorwiegend lehmigem Boden schätzt der Schäfer den stock- oder rauhhaarigen Hund, in dessen Fell sich der nasse Lehm nicht so schnell festsetzen und den Hund behindern kann.

Die Reinzucht des Deutschen Schäferhundes

Mitte des 19. Jh. begann die moderne Rassehundezucht in England mit den ersten Hundeausstellungen und der Bewertung der Hunde nach rein äußerlichen Gesichtspunkten. Dieses

Luchs (Sparwasser) SZ 155 (oben) und Horand von Grafrath, SZ 1, hier mit Mari von Grafrath fr. von der Krone, SZ 2, sitzend) gelten als die Begründer der Schäferhundezucht. (Aus »Der Deutsche Schäferhund in Wort und Bild« von v. Stephanitz, 1932).

neue Hobby des wohlhabenden Bürgertums griff rasch auf Deutschland über. Viele lokale Hundeschläge wurden als Rassen bezeichnet, anerkannt und nach einem Idealbild – dem Standard – reingezüchtet, einige wurden neu geschaffen. Da viele der ehemaligen Arbeitshunde überflüssig geworden waren, zählte nun nicht mehr ihre Eignung zur ursprünglichen Aufgabe, sondern ihre Schönheit.

Der Schottische Schäferhund oder Collie z.B. stand damals an erster Stelle der Beliebtheitsskala, doch hatten auch schon einige einheimische Schäferhunde Liebhaber in der Schönheitszucht gefunden. Möglichst wolfsähnlich sollten sie sein, deshalb waren graue, stockhaarige Hunde mit Stehohren besonders gefragt und wurden für die Zucht bevorzugt. Am häufigsten waren sie in Sachsen, Thüringen und Württemberg zu sehen, wo schon Ende des 19. Jh. geschäftstüchtige Schäfer – dem Trend folgend – Welpen für den Verkauf produzierten. Allerdings neigte der Württemberger mehr zu Schlappohren, dafür war seine Rutenhaltung besser als die der Thüringer, die oft häßliche Ringelruten hatten. Erstere waren insgesamt größer und starkknochiger, mit gutem Gebäude und Gangwerk. Sie konnten derb zupacken, waren aber von ruhigerem Wesen.

Der Schwabe ist ein geborener Hundenarr und eine begeisterte Züchternatur. Um das erwünschte Zuchtziel zu erreichen, bezogen die schwäbischen Hundezüchter den Thüringer mit dem erwünschten Stehohr und der schönen Wolfsfarbe in ihre Zucht ein und legten damit den Grundstein für die Zucht des Deutschen Schäferhundes, wie wir ihn heute kennen. Es wurden auch Wolfseinkreuzungen vorgenommen, aber die Ergebnisse befriedigten nicht, so daß der Einfluß etwaiger Wolfsmischlinge fraglich ist. Damals nahm man es allerdings mit den Herkunftsangaben der Hunde nicht so genau. Heute dürfte dieser Aspekt ohnehin keine Rolle mehr spielen. Es gab einen Verein – Phylax –, der sich der Zucht einheimischer Schäferhunde widmete, jedoch nicht bestehen konnte.

Sieger 1900/1901 Hektor von Schwaben SH 13 HGH, der bedeutendste Sohn von Horand (M: Mores Plieningen SZ 159; aus »Der Deutsche Schäferhund in Wort und Bild« von Rittmeister v. Stepahnitz, 1932).

Sieger 1910 Tell von der Kriminalpolizei SZ 8770 PH (V: Luchs v. Kalsmut-Wetzlar, M: Herta v. d. Kriminalpolizei) galt als der beste Schäferhund seiner Zeit (Goldbecker & Hart; aus »Der Deutsche Schäferhund in Wort und Bild« von Rittmeister v. Stephanitz, 1932).

Daß der Deutsche Schäferhund zu einem der weltweit beliebtesten und am vielseitigsten zum Nutzen des Menschen einsetzbaren Hunde wurde, verdanken wir maßgeblich Rittmeister Max von Stephanitz. Er lebte von 1864 bis 1936. Sein ganzes Leben widmete er der Idee, einen idealen Gebrauchshund für viele Zwecke zu züchten. Aufgrund seiner großen Erfahrung mit Militärhunden anderer Rassen erkannte er die vielseitige Veranlagung des einheimischen Hütehundes zum Gebrauchshund.

Seine Leidenschaft begann, als er »seinen Traumhund« auf einer Hundeausstellung zum erstenmal sah. Er kaufte diesen Rüden namens Hektor Linksrhein, taufte ihn in Horand von Grafrath um (Grafrath war sein Zwingername) und gab ihm die Zuchtbuchnummer 1. 1899 gründete er zusammen mit Arthur Meyer den Verein für Deutsche Schäferhunde (SV).

Von Stephanitz war ein bedeutender Hundekenner. Als Soldat kam er in ganz Europa herum, von der Nordsee bis zum Balkan. Schon damals fotografierte er die bodenständigen Hunde und beobachtete ihre Arbeitsweise. Ausführlich berichtet er in seinem berühmten, in viele Sprachen übersetzten Buch »Der Deutsche Schäferhund in Wort und Bild« über die Entwicklung des Hundes im allgemeinen bis hin zum Schäferhund im besonderen. Er stellt darin alle damals bekannten Hüte- und Hirtenhundrassen vor. Er besaß damit sehr viel Hintergrundwissen und wußte, was

Utz vom Haus Schütting (1926–1934, V: Klodo v. Boxberg, M: Donna z. Reurer), einer der einflußreichsten Deckrüden aller Zeiten (Willis; aus »Der Deutsche Schäferhund in Wort und Bild« von Rittmeister v. Stephanitz, 1932).

Klodo vom Boxberg, der Sieger von 1925, gilt als der Beginn der modernen Schäferhundezucht (1921–1930; V: Erich v. Grafenwerth, M: Elfe v. Boxberg; (aus »Der deutsche Schäferhund« von E.v. Otto, Parey-Verlag 1925).

er tat, als er sich mit aller Kraft und oft unter persönlichen Entbehrungen ausschließlich der Zucht des stockhaarigen Deutschen Schäferhundes widmete. Er blieb seinem obersten Leitsatz – »Der Schäferhund ist Gebrauchshund, soll er Schäferhund bleiben« – treu und widersetzte sich hartnäckig dem Züchten nach Schönheitsidealen ohne Berücksichtigung der Wesenseigenschaften, die den Gebrauchshund ausmachen. Des weiteren baute er das Ausbildungswesen auf, denn neben der vom SV geförderten aktiven Herdenarbeit brauchte man eine Möglichkeit, die Hunde nach gleichen Richtlinien auszubilden, um damit ihre Veranlagungen fördern und überprüfen zu können.

Dank seines schriftstellerischen Talents veröffentlichte er zahlreiche Artikel in der damaligen Fachpresse über »seine« Hunde. Aufgrund seiner Beziehungen zum Militär und seiner Hartnäckigkeit bei der Verwirklichung seiner Idee schaffte er es, daß der Deutsche Schäferhund anstelle von Collie und Airedale Terrier als Melde- und Sanitätshund und auch als Polizeihund eingesetzt wurde. Als geborener Organisator verstand er es, die Zucht von Anfang an in sinnvolle Bahnen zu lenken. Dabei stieß er nicht immer auf Gegenliebe bei den Züchtern, doch der Erfolg gab ihm recht. Der Deutsche Schäferhund wurde rasch zum geschätztesten Diensthund der Behörden und zum erklärten Liebling der Nation.

In beiden Weltkriegen wurden un-

Preishüten in Hungen, 1933. (Foto: Hahn)

zählige Schäferhunde mit Rettungsaufgaben bedacht und gewannen durch ihre Leistungen Millionen Bewunderer und Freunde – und das nicht nur in Deutschland, sondern auch im Ausland.

Die heimkehrenden Soldaten berichteten von den Wundertaten der deutschen »Wolfshunde«, manch einer nahm einen in den Kriegswirren herrenlos gewordenen Hund mit nach Hause.

Heute ist der Verein für Deutsche Schäferhunde (SV) der größte Rassezuchtverein der Welt. Der Deutsche Schäferhund zählt zu den beliebtesten und verdienstreichsten Hunderassen überhaupt.

Der Schäferhund-Typ der 60er Jahre: Harus vom Busecker Schloß. (Foto: Hahn)

KAPITEL 12

Der Rassestandard des Deutschen Schäferhundes

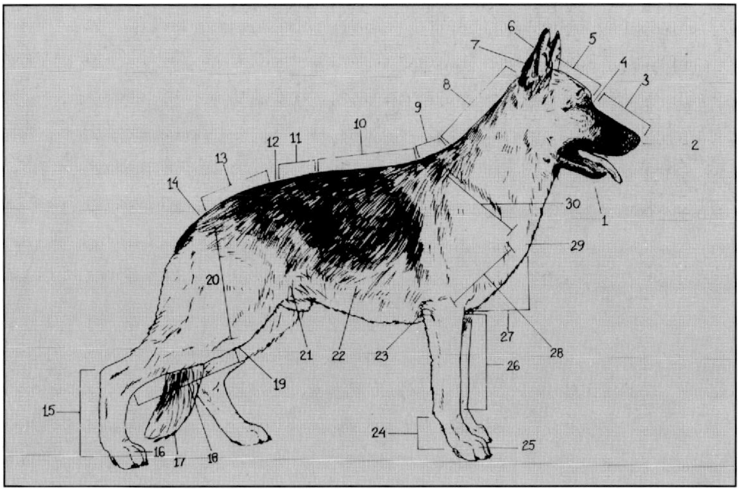

Der Körperbau:
1. Unterkiefer,
2. Nasenschwamm,
3. Vorgesicht,
4. Stop (Stirnabsatz),
5. Oberschädel,
6. Ohren,
7. Hinterhauptbein,
8. Nacken,
9. Widerrist,
10. Rücken,
11. Lendenpartie,
12. Hüftbeinhöcker,
13. Kruppe,
14. Rutenansatz,
15. Mittelfuß,
16. Hinterpfote,
17. Rute,
18. Unterschenkel,
19. Kniegelenk,
20. Oberschenkel,
21. Weiche,
22. Brustkorb,
23. Ellbogen,
24. Fesseln,
25. Vorderpfote,
26. Unterarm,
27. Vorbrust,
28. Oberarm,
29. Brustbeinspitze,
30. Schulter.

FCI-Standard Nr. 166/30. 8. 1991/D, Ursprungsland Deutschland.

Kurzer geschichtlicher Überblick: Nach den amtlichen Festsetzungen des Vereins für deutsche Schäferhunde e. V., Sitz Augsburg, im Verband für das Deutsche Hundewesen – VDH –, der als Gründerverein der Rasse für den Rassestandard des Deutschen Schäferhundes verantwortlich zeichnet, aufgestellt in der ersten Mitgliederversammlung zu Frankfurt/M. am 20. September 1899, nach den Vorschlägen von A. Meyer und von Stephanitz, nebst den Ergänzungen der VI. Mitgliederversammlung am 28. Juli 1901, der XXIII. Mitgliederversammlung zu Köln/Rh. am 17. September 1909, der Vorstands- und Beiratssitzung zu Wiesbaden am 5. September 1930 und Zuchtausschuß- und Vorstandssitzung am 25. März 1961, im Rahmen der Weltunion der Vereine für Deutsche Schäferhunde – WUSV – überarbeitet und bei der WUSV-Tagung am 30. August 1976 beschlossen, überarbeitet und katalogisiert mit Ermächtigungsbeschluß durch Vorstand und Beirat vom 23./24. März 1991.

Der Deutsche Schäferhund, mit dessen planmäßiger Züchtung im Jahre 1899 nach Gründung des Vereins begonnen wurde, ist aus den mitteldeutschen und süddeutschen Schlä-

Rechts:
Das Skelett:
1. Unterkiefer (Mandibula),
2. Oberkiefer (Maxilla),
3. Schädel (Cranium),
4. Atlas,
5. Halswirbel,
6. Schulterblatt (Scapula),
7. Brustwirbel,
8. Lendenwirbel,
9. Kreuzhöcker, Hüftbeinhöcker,
10. Hüftknochen (Ilium),
11. Kreuzbein (3 zusammengewachsene Wirbel),
12. Hüftgelenk Tuber Ischium),
13. Schwanzwirbel,
14. Fersenbein (Os calcis),
15. Hinterfußwurzel (Tarsus),
16. Mittelfußknochen (Os metatarsale),
17. Zehen (Phalanges),
18. Schienbein (Tibia) und Wadenbein (Fibula),
19. Knie,
20. Oberschenkelbein (Femur),
21. Rippen (insgesamt 13),
22. Ellbogenhöcker (Olecranon),
23. Vorderfußwurzel (Carpus),
24. Mittelfußknochen (Os metacarpale),
25. Zehen (Phalanges),
26. Speiche (Radius) und Elle (Ulna),
27. Oberarmknochen (Humerus),
28. Brustbeinspitze.

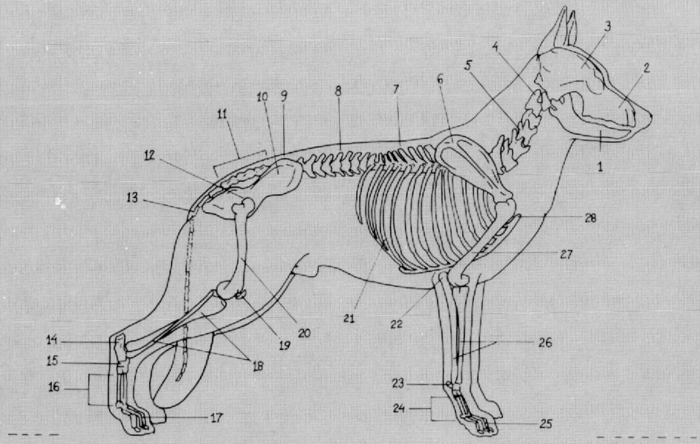

Unten:
Die korrekten Winkelungen
Der Nacken sollte zur Horizontalen einen Winkel von 45° bilden. Der gesamte Winkel zwischen den Schultern und dem Oberarm sollte idealerweise 90° betragen, aber bis zu 110° wird als ausreichend betrachtet. Die Kruppe sollte in einem Winkel von ca. 23° zur Horizontalen abfallen. Der Winkel zwischen dem Oberschenkel und Unterschenkel sollte um 120° betragen. Die hinteren Mittelfußknochen sollten senkrecht zum Boden stehen und 90° zur Horizontalen bilden.

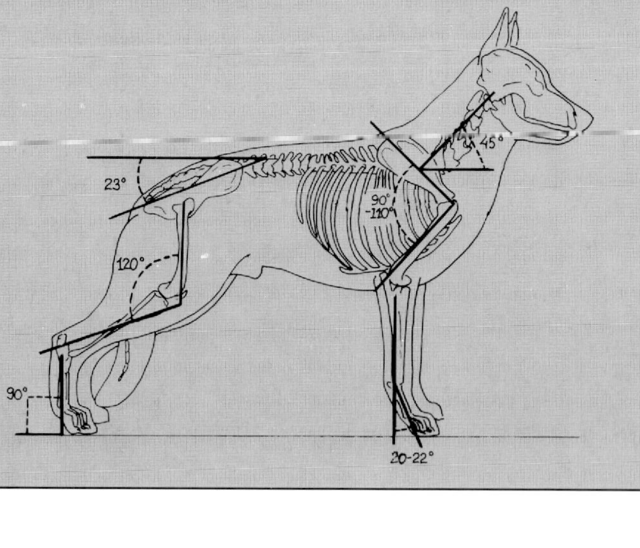

gen der damals vorhanden gewesenen Hütehunde herausgezüchtet worden mit dem Endziel, einen zu hohen Leistungen veranlagten Gebrauchshund zu schaffen. Um dieses Ziel zu erreichen, wurde der Rassestandard des Deutschen Schäferhundes festgelegt, der sich sowohl auf die körperliche Beschaffenheit wie auch auf die Wesens- und Charaktereigenschaften bezieht.

Allgemeines Erscheinungsbild: Der Deutsche Schäferhund ist mittelgroß, leicht gestreckt, kräftig und gut bemuskelt, die Knochen trocken und das Gesamtgefüge fest.

Wichtige Maßverhältnisse: Die Widerristhöhe beträgt für Rüden 60 bis 65 cm, bei Hündinnen 55 bis 60 cm. Die Rumpflänge übertrifft das Maß der Widerristhöhe um etwa 10 % bis 17 %.

Wesen: Der Deutsche Schäferhund muß vom Wesensbild her ausgeglichen, nervenfest, selbstsicher, absolut unbefangen und (außerhalb der Reizlage) völlig gutartig sein, dazu aufmerksam und führig. Er muß Mut, Kampftrieb und Härte besitzen, um als Begleit-, Wach-, Schutz-, Dienst- und Hütehund geeignet zu sein.

Kopf: Der Kopf ist keilförmig, der Körpergröße entsprechend (Länge etwa 40 % der Widerristhöhe), ohne plump zu sein oder überstreckt zu sein, in der Gesamterscheinung trokken, zwischen den Ohren mäßig breit. Die Stirn ist von vorn und von der Seite gesehen nur wenig gewölbt und ohne oder mit nur schwach angedeuteter Mittelfurche.

Das Verhältnis von Oberkopf zu Gesichtsteil beträgt 50 % zu 50 %. Die Oberkopfbreite entspricht in etwa der Oberkopflänge. Der Oberkopf geht (von oben gesehen), von den Ohren zur Nasenkuppe sich gleichmäßig verjüngend, mit schräg verlaufendem, nicht scharf ausgebildetem Stirnabsatz in den keilförmig verlaufenden Gesichtsteil (Fangteil) des Kopfes über. Ober- und Unterkiefer sind kräftig ausgebildet.

Der Nasenrücken gerade, eine

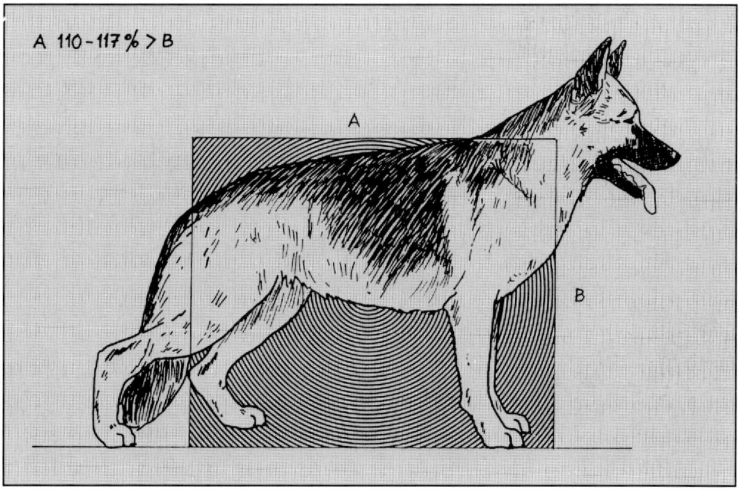

Der Deutsche Schäferhund ist ein Traber und muß demnach rechteckig gebaut sein; das bedeutet, daß der Hund länger ist als seine Schulterhöhe. Die Länge (A) sollte etwa 110–117 % der Schulterhöhe (B) betragen.

Der Kopf:
Der Kopf des Deutschen Schäferhundes sollte von oben gesehen die Form eines stumpfen Keils einnehmen. Der Oberschädel ist nur leicht gerundet, der Stirnabsatz oder Stop nicht zu stark ausgeprägt, die Oberlinie des Fangs ist gerade, der Unterkiefer kräftig. Der Schädel ist etwa gleich lang wie der Fang. Die Ohren sind dreieckig geformt, mittelgroß und werden aufrecht stehend getragen. Die Augen sollten mittelgroß, mandelförmig und etwas schräg gesetzt sein. Die Breite des Schädels entspricht in etwa der Länge des Schädels. (Hund 1).
2) Dieser Kopf wirkt insgesamt zu kräftig und tief, die Augen sind zu rund.
3) Dünner, »zerbrechlicher« Kopf mit flachem Schädel und schwachem Unterkiefer. Die Augen sind zu klein.
4) Ein Hund mit stark abfallender Nase, die Ohren sind zu seitlich angesetzt und die Augen groß. Schlecht gesetzter Stop.

Einsattelung oder Aufwölbung ist nicht erwünscht. Die Lippen sind straff, gut schließend und von dunkler Färbung.

Die Nase muß schwarz sein.

Das Gebiß muß kräftig, gesund und vollständig sein (42 Zähne gemäß der Zahnformel). Der Deutsche Schäferhund hat ein Scherengebiß, d. h., die Schneidezähne müssen scherenartig ineinandergreifen, wobei die Schneidezähne des Oberkiefers scherenartig die des Unterkiefers überschneiden. Auf-, Vor- und Rückbeißen ist fehlerhaft, ebenso größere Zwischenräume zwischen den Zähnen (lückenhafte Stellung). Fehlerhaft ist ebenso die gerade Zahnleiste der Schneidezähne. Die Kieferknochen müssen kräftig entwickelt sein, damit die Zähne tief in die Zahnleiste eingebettet sein können.

Die Augen sind mittelgroß, mandelförmig, etwas schrägliegend und nicht hervortretend. Die Farbe der Augen soll möglichst dunkel sein. Helle, stechende Augen sind nicht erwünscht, da sie den Ausdruck des Hundes beeinträchtigen.

Die Ohren: Der Deutsche Schäferhund hat Stehohren von mittlerer Größe, die aufrecht und gleichgerich-

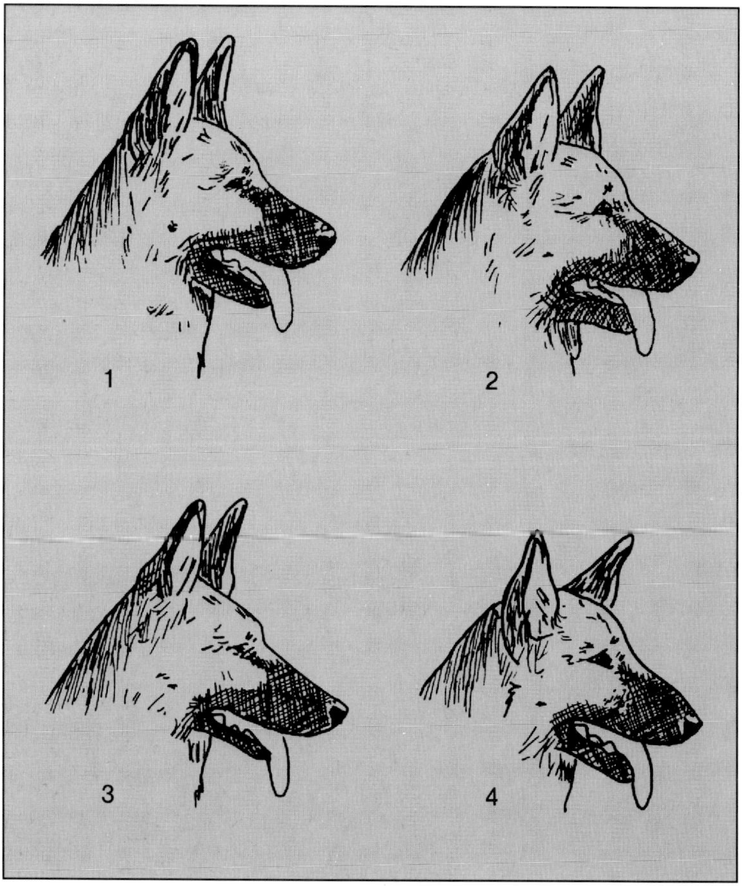

Das Gebiß:

Oben: Die Zähne werden in jedem Kieferast von vorn nach hinten gezählt:
Im Oberkiefer I1, I2, I3 (Incisivi, Schneidezähne); C (Caninus, Fangzahn); P1, P2, P3, P4 (Prämolaren, vordere Backenzähne, Lückenzähne); M1, M2, M3 (Molaren, Reißzähne).
Im Unterkiefer sind es nur zwei Molaren und somit 42 Zähne im bleibenden Gebiß.

Unten: Nur das Scherengebiß ist korrekt. Der Zangen- oder Aufbiß, der Vorbiß und der Unter- oder Überbiß sind fehlerhaft.

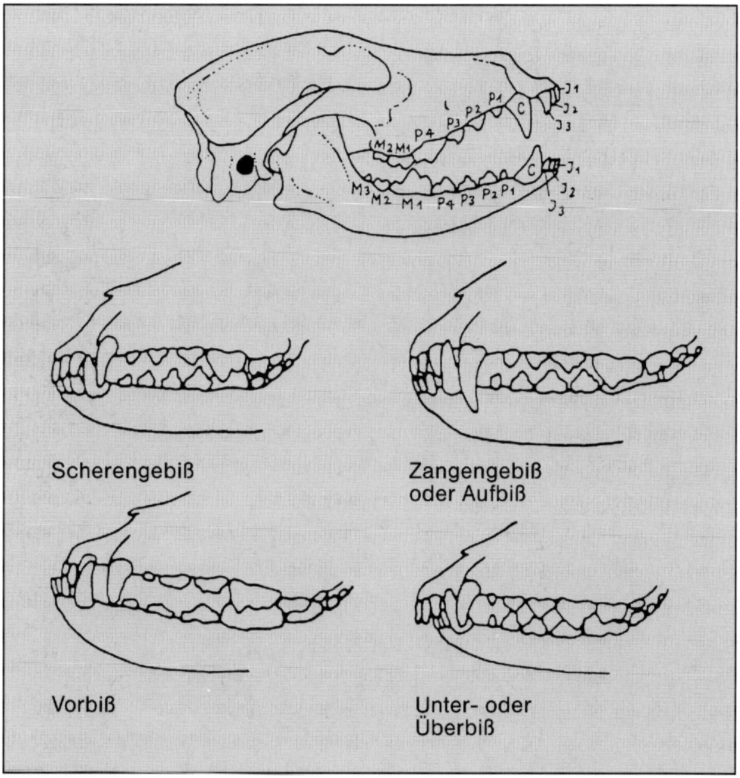

tet getragen werden (nicht seitwärts eingezogen), sie sind spitz auslaufend und mit der Muschel nach vorn gestellt. Kippohren und Hängeohren sind fehlerhaft. In der Bewegung bzw. in Ruhestellung nach hinten angelegt getragene Ohren sind nicht fehlerhaft.

Hals: Der Hals soll kräftig, gut bemuskelt und ohne lose Kehlhaut (Wamme) sein. Die Zuwinkelung zum Rumpf (Horizontale) beträgt ca. 45%.

Körper: Die Oberlinie verläuft vom Halsansatz an über den gut ausgebildeten Widerrist und über den zur Horizontalen ganz leicht abfallenden Rücken bis zur leicht abfallenden Kruppe ohne sichtbare Unterbrechung. Der Rücken ist fest, kräftig und gut bemuskelt. Die Lende ist breit, kräftig ausgebildet und gut bemuskelt. Die Kruppe soll lang und leicht abfallend (ca. 23° zur Horizontalen) sein und ohne Unterbrechung der Oberlinie in den Rutenansatz übergehen.

Die Brust soll mäßig breit sein, die Unterbrust möglichst lang und ausgeprägt. Die Brusttiefe soll etwa 45% bis 48% der Widerristhöhe betragen. Die Rippen sollen mäßige Wölbung ausweisen, tonnenförmige Brust ist ebenso fehlerhaft wie Flachrippigkeit.

Die Rute reicht mindestens bis zum Sprunggelenk, jedoch nicht über die Mitte des Hintermittelfußes hinaus. Sie ist an der Unterseite etwas länger behaart und wird in sanft herabhängendem Bogen getragen, wobei sie in der Erregung und in der Bewegung stärker angehoben getragen wird, jedoch nicht über die Horizontale hinaus. Operative Korrekturen sind verboten.

Gliedmaßen

Vorhand: Die Vordergliedmaßen sind von allen Seiten gesehen gerade, von vorn gesehen absolut parallel. Schulterblatt und Oberarm sind von gleicher Länge und mittels kräftiger Bemuskelung fest am Rumpf angelagert. Die Winkelung von Schulterblatt und Oberarm beträgt im Idealfall 90°, im Regelfall bis 110°.

Die Ellenbogen dürfen weder im Stand noch in der Bewegung ausgedreht werden und ebenso nicht eingedrückt sein. Die Unterarme sind von allen Seiten gesehen gerade und zueinander absolut parallel stehend, trocken und fest bemuskelt. Der Vordermittelfuß hat eine Länge von ca. $\frac{1}{3}$ des Unterarmes und hat einen Winkel von ca. 20° bis 22° zu diesem. Sowohl ein zu schräg stehender Vordermittelfuß (mehr als 22°) als auch ein steil stehender Vordermittelfuß (weniger als 20°) beeinträchtigen die Gebrauchseignung, insbesondere die Ausdauerfähigkeit.

Die Pfoten sind rundlich, gut geschlossen und gewölbt, die Sohlen hart, aber nicht spröde. Die Nägel sind kräftig und von dunkler Farbe.

Hinterhand: Die Stellung der Hinterläufe ist leicht rückständig, wobei die Hintergliedmaßen von hinten gesehen parallel zueinander stehen. Oberschenkel und Unterschenkel sind von annähernd gleicher Länge und bilden einen Winkel von ca. 120°, die Keulen sind kräftig und gut bemuskelt. Die Sprunggelenke sind kräftig ausgebildet und fest, der Hintermittelfuß steht senkrecht unter dem Sprunggelenk.

Die Pfoten sind geschlossen, leicht gewölbt, die Ballen hart und von dunkler Farbe, die Nägel kräftig, gewölbt und ebenfalls von dunkler Farbe.

Gangwerk: Der Deutsche Schäferhund ist ein Traber. Die Gliedmaßen müssen in Länge und Winkelung so aufeinander abgestimmt sein, daß er ohne wesentliche Veränderung der Rückenlinie die Hinterhand bis zum Rumpf hin verschieben und mit der

Die Rutenhaltung: Die Rute sollte niemals über die Horizontale der Rückenlinie hinaus getragen werden. Hund 1 zeigt die korrekt getragene Rute, Hund 2 befindet sich noch an der Grenze zwischen der korrekt und zu hoch getragenen Rute, die Rute von Hund 3 ist zu stark geringelt, und Hund 4 hat eine sehr hoch getragene Rute.

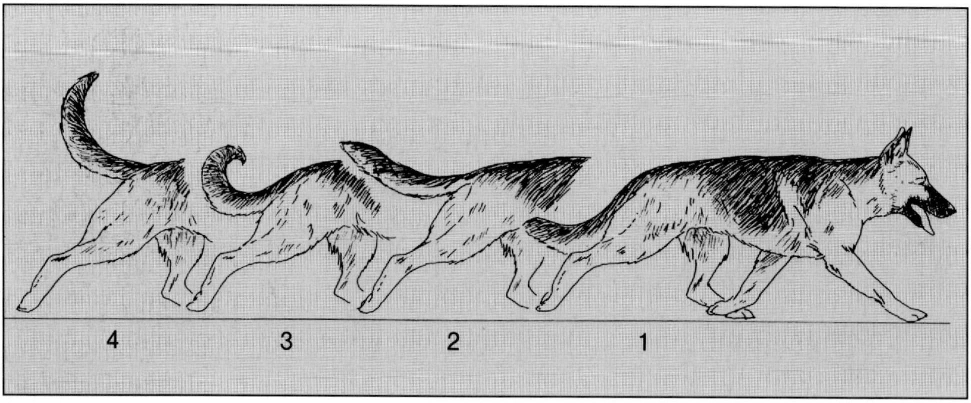

Die Vorhand von vorne gesehen:
1) Betrachtet man die korrekte Vorhand von vorne, kann man eine senkrechte (gerade) Linie von der Schulterspitze durch den Oberarm und geradewegs hinunter zu den Pfoten ziehen. Die korrekte Front hängt stark vom korrekt geformten Brustkorb ab (neben den Schulter- und Oberarmwinkelungen etc.).
2) Hier liegen die Ellbogen zu dicht an, und die Pfoten werden nach außen gedreht, was auf einen zu schmalen und nicht ausreichend tiefen Brustkorb zurückzuführen ist.
3) Hier werden die Ellbogen nach außen gedreht, und die Pfoten zeigen nach innen. Der Hund hat einen zu runden Brustkorb.

1 2 3

Die Hinterhand von hinten gesehen:
1) Betrachtet man die korrekte Hinterhand von hinten, kann man eine senkrechte (gerade) Linie von der Hüftspitze durch das Hüftgelenk, durch Femur, Fibula/Tibia, durch den Mittelfuß bis zu den Pfoten ziehen.
2) Dieser Hund ist kuhhessig.
3) Faßbeinige Hinterhand.

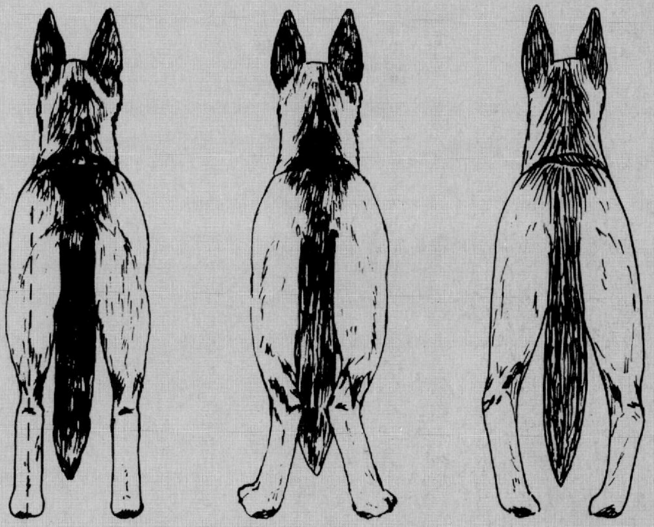

1 2 3

Vorhand genausoweit ausgreifen kann. Jede Neigung zur Überwinkelung der Hinterhand mindert die Festigkeit und die Ausdauer und damit die Gebrauchstüchtigkeit. Bei korrekten Gebäudeverhältnissen und Winkelungen ergibt sich ein raumgreifendes, flach über den Boden gehendes Gangwerk, das den Eindruck müheloser Vorwärtsbewegungen vermittelt. Bei einem nach vorn geschobenen Kopf und leicht angehobener Rute ergibt sich bei einem gleichmäßigen und ruhigen Trab eine von den Ohrenspitzen über den Nakken und Rücken bis zum Rutenende verlaufende weichgeschwungene und nicht unterbrochene Rückenlinie.

Haut: Die Haut ist (lose) anliegend, ohne jedoch Falten zu bilden.

Haarkleid

Beschaffenheit des Haares: Die korrekte Behaarung für den Deutschen Schäferhund ist das Stockhaar mit Unterwolle. Das Deckhaar soll möglichst dicht, gerade, harsch und fest anliegend sein. Am Kopf einschl. des Ohrinnern, an der Vorderseite der Läufe, an Pfoten und Zehen kurz, am Hals etwas länger und stärker behaart. An der Rückenseite der Läufe verlängert sich das Haar bis zum Vorfußwurzelgelenk bzw. bis zum Sprunggelenk, an der Rückseite der Keulen bildet es mäßige Hosen.

Farben: Schwarz mit rotbraunen, braunen, gelben bis hellgrauen Abzeichen. Schwarz und grau einfarbig, bei grau mit dunklerer Wolkung, schwarzem Sattel und Maske. Unauffällige, kleine weiße Brustabzeichen sowie sehr helle Innenseiten sind zugelassen, aber nicht erwünscht. Die Nasenkuppe muß bei allen Farbschlägen schwarz sein. Fehlende Maske, helle bis stechende Augenfarbe sowie helle bis weißliche Abzeichen an Brust und Innenseiten, helle Krallen und rote Rutenspitze sind als Pigmentschwäche zu bewerten. Die Unterwolle zeigt einen leichten Grauton. Die Farbe weiß ist nicht zugelassen.

Größe/Gewicht

Rüden: Widerristhöhe 60 cm bis 65 cm, Gewicht 30 kg bis 40 kg.

Hündinnen: Widerristhöhe 55 cm bis 60 cm, Gewicht 22 bis 32 kg.

Hoden: Rüden sollten zwei offen-

Das Gangwerk, vom Schritt in den gestreckten Trab übergehend. Im korrekten Bewegungsablauf zeigt der Deutsche Schäferhund ein Maximum an raumgreifenden Schritten, Schub und Schnelligkeit – er ist ein Traber, der möglichst lange Strecken mühelos zurücklegen kann.

sichtlich normal entwickelte Hoden aufweisen, die sich vollständig im Skrotum befinden.

Fehler: Jede Abweichung von den vorgenannten Punkten sollte als Fehler angesehen werden, dessen Bewertung im genauen Verhältnis zum Grad der Abweichung stehen sollte.

Schwere Fehler: Abweichungen von den vorstehend beschriebenen Rassekennzeichen, die die Gebrauchsfähigkeit beeinträchtigen.

Ohrenfehler: seitlich zu tief angesetzte Ohren, Kippohren, Schildspannerstellung der Ohren, nicht gefestigte Ohren. Erhebliche Pigmentmängel. Stark beeinträchtigte Gesamtfestigkeit. Zahnfehler: alle Abweichungen vom Scherengebiß und der Zahnformel, soweit es sich nicht um ausschließende Fehler (s. u.) handelt.

Ausschließende Fehler

A) Wesensschwache, bissige und nervenschwache Hunde.

B) Hunde mit nachgewiesener »schwerer HD«.

C) Monorchiden und Kryptorchiden sowie Hunde mit deutlich ungleichen bzw. verkümmerten Hoden.

D) Hunde mit entstellenden Ohren- bzw. Rutenfehlern.

E) Hunde mit Mißbildungen.

F) Hunde mit Zahnfehlern, bei Fehlen von:

- 1 mal Prämolar 3 und ein weiterer Zahn oder
- 1 Fangzahn, oder
- 1 Prämolar 4, oder
- 1 Molar 1 bzw. Molar 2, oder
- insgesamt 3 Zähne und mehr.

G) Hunde mit Kiefermängeln: Rückbiß von 2 mm und mehr, Vorbiß, Aufbeißen im gesamten Schneidezahnbereich.

H) Hunde mit Über- bzw. Untergröße von mehr als 1 cm.

I) Albinismus.

J) Die Haarfarbe weiß (auch bei dunklen Augen und Nägeln).

K) Langstockhaar (langes, weiches, nicht fest anliegendes Deckhaar mit Unterwolle, Fahnen an Ohren und Läufen, buschige Hosen und buschige Rute mit Fahnenbildung nach unten).

L) Langhaar (langes, weiches Deckhaar ohne Unterwolle, meist auf der Rückenmitte gescheitelt, Fahnen an Ohren und Läufen und an der Rute).

Vier verschiedene Schäferhundtypen:

1

2

1) Dieser Hund ist zu stark gewinkelt, sowohl in der Vor- als auch in der Hinterhand. Der Nakken wird zu aufrecht getragen, die Kruppe ist zu flach (dieser Hund erinnert an den Typ Deutscher Schäferhund, wie man ihn häufig in den USA sieht).

2) Dieser Hund wirkt insgesamt zu leicht und kurz. Der Kopf ist ein wenig zu klein (die korrekte Kopflänge sollte etwa 40% der Schulterhöhe betragen), die Knochen sind zu fein, Schulter- und Oberarm sind nicht genug gewinkelt, die Rückenlinie ist aufgeworfen (Karpfenrükken), und die Kruppe fällt zu stark ab. Die Hinterhand dürfte besser gewinkelt sein. Die Pfoten sind zu flach.

3

4

3) Zu schwerer und langer Hund. Dieser Hund ist gut gewinkelt, aber er ist zu lang und wirkt plump. Der Kopf ist zu groß, und die Oberlinie des Fangs ist nicht gerade genug. Er hat auch zu viel lose Kehlhaut. Die Fesseln sind zu weich, und der Brustkorb des Hundes ist etwas zu tief.

4) Dieser Hund hat einen disqualifizierenden Fehler – er besitzt langes Stockhaar. Ansonsten ist dieser Hund ein harmonischer und gut gebauter Deutscher Schäferhund.

KAPITEL 13

Schäferhund-Variationen

Auch rauhhaarige Deutsche Schäferhunde gibt es noch.

Zu Beginn der Reinzucht des Deutschen Schäferhundes wählte man, dem damaligen Zeitgeschmack entsprechend, einen möglichst wolfsähnlichen Hund und züchtete aus den dem Wunschbild nahekommenden Hunden den heutigen Schäferhund heraus. Er ist demnach eine Vermischung von Schlägen, die man damals schön fand. Sicherlich erwies sich das Stockhaar als zweckmäßigste Haarart für den Diensthund.

Leider fand sich bis heute niemand, um die alten deutschen Schäferhundschläge in Reinzucht zu erhalten. Es gibt sie alle noch bei den Schäfern, die zotthaarigen, rauhhaarigen und langstockhaarigen Schäferhunde, wenn auch selten geworden. Man hält sie gemeinhin für Mischlinge. Schäfer züchten ihre Hunde nicht nach Schönheitsidealen in unserem Sinne, sondern nach Eignung. Sie legen großen Wert auf die Abstammung ihrer Hunde, damit die Hüteveranlagungen nicht verwässern.

Einzig die Langstockhaarigen fanden Liebhaber, die sich auch ohne Anerkennung des SV der Zucht widmen. Noch vor einigen Jahren betrachteten SV-Züchter Welpen, die langes Haar zu bekommen drohten,

Hütehunde im Thüringer Wald: rechts eine schwarze, langstockhaarige Hündin und links ein echter zotthaariger deutscher Schäferhund.

als Züchterpech. Doch die Erbanlage ist in einigen Linien vorhanden, so daß immer wieder langstockhaarige Welpen fallen. Heute finden diese Tiere rasch Abnehmer. Langstockhaarige Welpen bekommen ebenso Ahnentafeln wie ihre stockhaarigen Geschwister. Zur Zucht sind sie jedoch innerhalb des SV nicht mehr zugelassen.

Sehr selten kommt das echte Langhaar ohne Unterwolle vor, das sich auf dem Rücken scheitelt. Dieses Fell ist wenig wetterbeständig und daher wirklich für einen Schäferhund unpassend, während langstockhaarige Schäferhunde häufig unter den Hütehunden zu finden sind. Ganz selten werden noch rauhhaarige Schäferhunde geboren.

Schon von Stephanitz setzte seine persönlichen Schönheitsideale betreffs der Fellfarbe durch. Er war kein Freund der Einfarbigkeit und fand, daß rein schwarze Hunde wie »geleckt« aussähen, was schäferhundwidrig sei, ebenso bezeichnete er weißgelbliche Tiere als scheußlich, auch gestromte Abzeichen, die heute noch gelegentlich bei schwarz-gelben Hunden vorkommen, mißfielen ihm. Weiß mit dunkler Nase, Lidrändern usw. (also keine Albinos, denen Farbstoffe gänzlich fehlen) war außer bei zotthaarigen altdeutschen Schäferhunden nach seiner Ansicht »verboten«. Gleichzeitig betont er, daß Farbe reine Liebhaberangelegenheit sei. (Seine Schilderung der Farben wirkt subjektiv, denn über Geschmack läßt sich bekanntlich nicht streiten. Unsere ersten Schäferhunde waren lackschwarz und grau, und wir sehen solche Schäferhunde heute noch immer gern!)

Es hat sich bis heute anscheinend nicht viel in der Einstellung zur Fellfarbe beim Schäferhund geändert. Im Gegenteil, die Eintönigkeit auf den Zuchtschauen fällt auf. Dabei ist eine einseitige Auslese auf Farbe oder Vereinheitlichung des Typs immer verbunden mit Genverlust, der einer Rasse nur schaden kann. Glücklicherweise scheinen sich die Grauen wieder im Aufwärtstrend zu befinden.

Keine Chance auf eine Anerkennung haben allerdings die weißen Schäferhunde. Abgesehen von den großen weißen Hirtenhunden sind weiße Hütehunde bei Schäfern allgemein unbeliebt. Zu Beginn der Reinzucht wurden sie ausgestellt und zur Zucht verwendet, so daß die rezessive Erbanlage weitergegeben wurde. Insbesondere einige frühe Exporte in die USA waren Weißträger. Da man in Amerika keinerlei Zuchtbestimmungen unterworfen ist, fanden sich bald Liebhaber für reinweiße Schäferhunde, die sich auf Farbzuchten wie rein schwarz und rein weiß spezialisierten.

In Deutschland wurden gelegentlich fallende weiße Welpen konsequent ausgemerzt, so daß die Erbanlage kaum noch vorhanden sein dürfte. In den 70er Jahren kamen die ersten weißen Schäferhunde in die Schweiz und nach Deutschland. Obwohl sie anerkannte amerikanische oder kana-

Ein weißer Deutscher Schäferhund mit starkem schwarzem Pigment.

dische Ahnentafeln hatten, durften sie hier gemäß Standard nicht zur Zucht verwendet oder auf Ausstellungen bewertet werden. Aber sie fanden Freunde, die sie trotzdem weiterzüchten wollten und die Anerkennung anstrebten. Deutsche Schäferhunde durften sie ihre Tiere nicht nennen, deshalb die Bezeichnung Amerikanisch-Kanadischer Weißer Schäferhund. Eine Rasse diesen Namens existiert weder in den USA noch in Kanada! Eine FCI-Anerkennung ist nur zu erlangen, wenn das Mutterland den Antrag stellt, das aber ist Deutschland und nicht Amerika. In Amerika besteht keine Notwendigkeit einer Anerkennung, denn dort sind es Deutsche Schäferhunde.

Mittlerweile werden diese weißen Schäferhunde in ganz Europa gezüchtet und finden immer mehr Freunde. Es gibt zahlreiche Vereine und Verbände, die jeweils nach eigenen Zuchtbestimmungen und Maßstäben züchten. In der Schweiz hat die Schweizerische Kynologische Gesellschaft nun das Register für diese Hunde geöffnet, d.h., daß sie dort unter den Vorgaben des Dachverbandes kontrolliert gezüchtet werden und Registerabstammungsnachweise bekommen.

Weißzucht mit pigmentierten Hunden hat nichts mit Degeneration zu tun, aber jegliche Spezialisierung bedeutet, daß zugunsten eines erwünschten Merkmales unerwünschte in Kauf genommen werden müssen. Es gibt keinen Grund, aufgrund der Seltenheit horrende Welpenpreise zu verlangen, was leider der Fall ist. Der weiße Schäferhund ist eine nicht anerkannte Farbvariante des Deutschen Schäferhundes und nichts anderes.

In manchen Linien kommen sog. Bläulinge vor. Ursache ist ein Farbverdünnungsgen, das rezessiv, d.h. verdeckt vererbt wird und nur auftreten kann, wenn beide Eltern die Erbanlagen tragen und an ihre Nachkommen weitergeben. Beim Dobermann z.B. ist die Farbverdünnung anerkannt. Schwarz ergibt verdünnt eine stahlgraue Fellfarbe, die blau genannt wird. Ebenso kann die Verdünnung auf Braun wirken und zu isabellfarbenen Tieren führen. Beim Schäferhund sind Farbverblassungen jeder Art unerwünscht.

KAPITEL 14

Die Hundeausstellung

Die Gangwerksprobe ist ein wesentlicher Bestandteil der Ausstellung. (Foto Winnig)

Der SV veranstaltet das ganze Jahr über Zuchtschauen. Sie sind von wesentlicher Bedeutung für den Züchter, denn sie sind der Prüfstein seiner Zucht. Der Arbeitshund ist das vorrangige Ziel der Schäferhundezucht, seine »Schönheit« besteht in einem funktionellen Körperbau, der eine optimale Leistungsfähigkeit ermöglicht. Die Leistungsprüfungen dienen der Zuchtauslese anhand der charakterlichen Veranlagung als Arbeitshund, die Zuchtschau zur Überprüfung der körperlichen Merkmale. Nur bei der SV-Bundessiegerzuchtschau werden auch Wesensmerkmale geprüft.

Viele Züchter richten ihr Hauptbestreben auf den äußerlich vollkommenen, »schönen« Hund und machen nur die erforderlichen Schutzhundprüfungen mit den Hunden. Hundesportler sind für die Zuchtzulassung eines hervorragenden Leistungshundes oft schon mit der Schaubewertung »Gut« zufrieden. Die Bewertung »gut« besagt, daß der Hund keine Mängel im Äußeren oder im Wesen haben darf, die seine Gebrauchstüchtigkeit wesentlich beeinträchtigen. Für Leistungszüchter sind Zuchtschauen mehr ein notwendiges Übel, denn Schlappohr, Langstockhaar oder Zahnfehler stören ihn als Leistungssportler bei einem guten Leistungshund weniger. Das Zuchtziel verlangt aber beides, das typische Äußere und die Leistung.

Für den Züchter sind Zuchtschauen eine ernste Angelegenheit, denn es geht nicht nur um sein Image, sondern auch um sehr viel Geld, das für Spitzenhunde geboten wird. Oft vertraut der Züchter die Ausstellungslaufbahn eines hervorragenden Hundes einem erfahrenen Vorführer an, der den Hund bestens vorbereitet und mit ihm von Ausstellung zu Ausstellung reist.

In Anbetracht der enormen Konkurrenz vieler schöner Schäferhunde wird eine optimale Vorbereitung der Hunde verlangt. Dazu gehört erstklassige Kondition, d. h., der Hund muß vollkommen gesund sein und sich in bester Verfassung befinden, und er muß durchtrainiert sein, um die Vorzüge seines Gebäudes bei der Gangwerksprobe zu zeigen.

Diese dauert oft so lang, daß man mehrere Vorführer benötigt, weil sie ein Mensch alleine in normalem Trainingszustand gar nicht durchsteht. Die Hunde werden in gestrecktem Trab vorgeführt. Man kann gegen Ende der Gangwerksprobe sehr gut erkennen, welche Hunde allmählich nachlassen und im Stand Gebäudemängel sichtbar werden lassen, weil Muskulatur und Sehnen schon ermüdet sind. Meist benötigt man mehrere Helfer, die den Hund rufen und immer wieder aufmerksam machen, damit er zügig und freudig vorangeht.

Die Standmusterung vor der Gangwerksprobe dient der eingehenden körperlichen Überprüfung des Hundes durch den Zuchtrichter im Stand. Hier zählt das korrekte Stellen, das den Hund in den erwünschten Winkeln seiner Gliedmaßen stehen läßt. Auch das Stellen ist eine Kunst für sich! Bei dieser Gelegenheit werden das Gebiß und bei Rüden die Hoden überprüft.

Wenn Sie Ihren Hund nur so aus Spaß ausstellen wollen, können Sie das gerne tun, rechnen Sie sich nur keine Chance auf Erfolg aus! Besprechen Sie dies mit dem Züchter Ihres Hundes, der, wenn der Hund die Qualitäten besitzt, sicherlich hocherfreut ist und Ihnen hilfreich zur Seite steht. Vielleicht hat der eine oder andere Sportkamerad vom Übungsplatz Erfahrung und berät Sie. Termine und wo Sie Meldepapiere beziehen können, werden in der SV-Zeitung veröffentlicht.

Selbstverständlich muß ein Ausstellungshund völlig gesund, frei von Ungeziefer und gepflegt sein.

Heiße, tragende und säugende Hündinnen, Hunde mit groben Zahn- oder Hodenfehlern gehören nicht auf die Schau. Am besten besuchen Sie erst einmal einige Schauen ohne Hund, um sich mit den Abläufen vertraut zu machen, ehe Sie anfangen, Ihren Hund gezielt vorzubereiten.

Bewertungsnoten

VA	= Vorzüglich Auslese
V	= Vorzüglich
SG	= Sehr gut
G	= Gut
A	= Ausreichend
M	= Mangelhaft
U	= Ungenügend

Ein typisches Standfoto, wie es der SV für die Veröffentlichung in seinen Publikationen wünscht. Wichtig ist die totale Seitenansicht, wobei beide Ohren und beide Vorderpfoten zu sehen sein müssen. Der dem Bild zugewandte hintere Lauf muß von der Ferse zum Boden senkrecht stehen, um übertriebene Winkeldarstellung zu vermeiden. VA-Rüde »Hoss von Hasenborn« geworfen 18. 6. 1989 SchH III, FH (V: Cello v. d. Römerau SchH III FH – M: Ola v. Hasenborn SchH I). (Foto Leinhas)

Zugelassen sind alle Deutschen Schäferhunde mit einer von der FCI anerkannten Ahnentafel.

Man teilt ein in Jugendklasse, Junghundklasse und Gebrauchshundeklasse, nach Rüden und Hündinnen getrennt. Es werden folgende Formwertnoten vergeben: V = vorzüglich; SG = sehr gut; G = gut; A = ausreichend; M = mangelhaft und U = ungenügend. »Vorzüglich« wird nur Gebrauchshunden zuerkannt, die höchste Anforderungen erfüllen und das »a« (siehe HD) zuerkannt haben.

Absoluter Höhepunkt jeden Jahres, den jeder Schäferhundfreund wenigstens einmal miterlebt haben sollte, ist die SV-Bundessiegerzuchtschau. Hier trifft sich die Schäferhundelite aus aller Welt. Mehr als 1000 Schäferhunde werden vorgeführt. Der »Sieger« wird stets mit besonderer Spannung erwartet, denn er ist ein bewährter Zuchthund, der sicherlich auch auf die künftige Zucht wesentlichen Einfluß nimmt. Er wird aus der Gebrauchshundeklasse Rüden vom jeweils amtierenden Präsidenten des SV gewählt, der damit in einer langen Amtszeit die Schäferhundezucht in aller Welt auf Jahre hinaus maßgeblich beeinflußt.

Auf dieser SV-Bundessiegerzuchtschau müssen alle für ein »Vorzüglich« vorgesehenen Rüden eine Mutprobe bestehen, d. h. über eine Distanz den Helfer verfolgen und stellen (lange Flucht). Obwohl nur Hunde mit SchH in der Gebrauchshundeklasse gemeldet werden und für die Spitzenpositionen nur Hunde mit bestandener SchHIII infrage kommen, gibt es doch bei der Mutprobe immer wieder Ausfälle, denn hier entscheidet die Tagesform.

KAPITEL 15

Die Zucht des Schäferhundes

Hündin mit Welpe.

Man sollte sorgfältig überlegen, ob und warum man züchten will. Geht es darum, den Kindern das wundervolle Erlebnis einer Hundegeburt und der Welpenaufzucht zu demonstrieren, besorgen Sie sich lieber einen Videofilm. Wenn Sie glauben, ordentlich etwas nebenbei verdienen zu können, werden Sie enttäuscht werden. Spitzenpreise erzielt man nur für Spitzenhunde, die fallen nicht vom Himmel und kaum in den ersten Würfen!

Hundezucht erfordert sehr viel Verantwortungsbewußtsein, Zeit, geeigneten Platz, Geld, Engagement und Liebe zur Rasse und zum Tier allgemein. Nur wenn Ihre Hündin einen positiven Beitrag zur weiteren Entwicklung der Rasse leisten kann, weil sie eine hervorragende Arbeitsleistung zeigt, äußerlich rassetypisch ist und ein umgängliches Wesen besitzt – kurz dem Idealbild eines Deutschen Schäferhundes sehr nahe kommt –, sollten Sie ernsthaft über Zucht nachdenken.

Eine Hündin ist nicht deshalb geeignet, weil sie Ihnen gehört. Seien Sie der Rasse zuliebe objektiv. Natürlich gelingt es mit viel Mühe, aus einer weniger guten Hündin brauchbare Nachkommen zu züchten und sich allmählich einen Zuchtstamm aufzubauen, aber es dauert Jahre. Wenn Sie unbedingt vom Zuchtfieber erfaßt sind, mieten Sie sich eine entsprechende Hündin.

Vorüberlegungen

Für die Welpenaufzucht braucht man **Platz,** vorzugsweise einen Raum im Hause, wo die Hündin ungestört werfen kann und wo man sie und ihre Kinder immer unter Aufsicht hat. Ab der 3. Woche kann die Familie in einen Zwinger umsiedeln, der ein geschütztes Hundehaus und Freiauslauf bietet. Die Welpen sollen dort verschiedene Böden kennenlernen (z.B. Gras, Beton, Holz, Kies) und alle möglichen Spielgeräte haben, z.B. einen großen Holzblock zum Beklettern, eine glatte Fläche zum Begehen und vieles andere mehr, an dem sie sich nicht verletzen können, was ihnen aber zum Ausbilden ihres Gehirns Abwechslung bietet.

Welpen machen Lärm, ein kleiner Reihenhausgarten ist keine geeignete Hundezuchtstätte. Keinesfalls gehört eine Hündin mit Welpen in einen abgelegenen Schrebergarten oder sonstwohin, wo man nicht ständigen Kontakt mit der Hundefamilie hat.

Hundezucht erfordert **Zeit.** Im Normalfall bildet man seine Hündin selbst aus und führt sie auf Ausstellungen. Die Welpen müssen von Geburt an täglich jeder angefaßt werden. Die frühe Prägung ist wichtig. Mit zunehmenden Alter muß man sich stundenweise am Tag mit den Welpen befassen, sie berühren, mit ihnen schmusen und spielen. Wichtig ist, daß verschiedene Menschen mit den Welpen umgehen, Männer, Frauen, Kinder. Die Futterzubereitung und die Säuberung der Unterkünfte kostet ebenfalls Zeit und Mühe.

Finanzielle Unabhängigkeit: Wer sinnvoll Hunde züchten möchte, muß erst einmal investieren, ehe er Welpen verkaufen kann. Da wäre zunächst das Zuchttier, die Ausbildung, die Ausstellung, die HD-Röntgenaufnahme, die Ausdauerprüfung, die Körung, alles verbunden mit Gebühren. Die Fahrt zum Deckrüden und die Deckgebühr kommen ebenso dazu wie Anschaffungen für den Wurf: Wurfkiste, Zwinger usw. Selbst wenn Sie den Tierarzt nur für Routineuntersuchungen beanspruchen, kostet er Geld, und wehe, es treten Komplikationen auf – dann kostet er viel Geld! Die Ernährung der Welpen muß hervorragend sein, das Beste vom Besten ist gerade gut genug. Wer daran sparen muß, sollte es lieber gleich lassen.

Als Anfänger haben Sie es vielleicht gar nicht so leicht, die Hunde auf Anhieb an Ihnen genehme Menschen zu verkaufen. Zeitungsinserate, sei es in der SV-Zeitung oder in der örtlichen Tageszeitung, sind teuer. Wenn Sie Pech haben, bleibt der eine oder andere Welpe über die niedliche Welpenzeit hinaus bei Ihnen. Einen vier bis fünf Monate alten, gerade

Abkürzungen

SZ = *Schäferhundzuchtbuch*

AKC = *American Kennel Club*

*** = *angekört*

ZB = *Zuchtbewertung*

a = *»a« zuerkannt (siehe HD)*

KB = *Körbericht*

in schlimmen Wachstumsphasen befindlichen Welpen zu verkaufen, ist noch viel schwieriger. Aber in dieser Zeit benötigt er bestes Futter, sinnvolle Beschäftigung und Zeit für die ersten Schritte der Erziehung.

Prüfen Sie sich gut, ob Sie wirklich all diese Anforderungen erfüllen können! Letztendlich kann Ihr Zuchtvergnügen das Leben Ihrer Hündin kosten. Wollen Sie das riskieren?

In jedem Fall besorgen Sie sich so viel Informationsmaterial über die Rasse, wie Sie können, studieren Sie Bücher über Zucht und Aufzucht, gehen Sie sooft wie möglich auf Ausstellungen. Suchen Sie die Hunde heraus, die Ihnen am besten gefallen, und vergleichen Sie, welche gemeinsamen Vorfahren sie haben (der Zwingername allein besagt nichts, denn unterschiedliche Würfe eines Zwingers brauchen nicht miteinander verwandt zu sein).

Sind die Hunde, die Ihnen gefallen, auch auf den Spitzenplätzen der Schauen oder, wenn Sie sich einen Arbeitshund züchten wollen, unter den besten Sporthunden, suchen Sie einen Rüden aus dieser Linie für Ihre Hündin. Lernen Sie, soviel Sie können, über die Vorfahren und Verwandten Ihrer Hündin, was sie an Vorzügen und Nachteilen vererbten, damit Sie nicht aus Versehen einen Rüden wählen, der in seiner Familie die gleichen Mängel aufweist (fehlerlose Hunde gibt es nicht).

Setzen Sie sich mit dem Zuchtwart Ihrer Ortsgruppe (Adresse beim SV erhältlich) in Verbindung. Er wird Sie über die derzeit gültigen Zuchtbestimmungen aufklären und Ihnen bei den weiteren Formalitäten helfen. Ihre Hündin muß die SchHI haben, wenigstens »gut« auf einer Ausstellung und sollte keine mittlere oder schwere HD haben.

Melden Sie sich beim Besitzer des Rüden Ihrer Wahl an. Die Deckakte der Rüden sind je nach Qualität beschränkt, gute Rüden weit im vorhinein ausgebucht. Versteifen Sie sich nicht auf einen bestimmten Rüden, nur um bei der Anmeldung kurz vor dem Decktermin zu erfahren, daß er für Sie gar nicht zur Verfügung stehen kann. Suchen Sie sich immer noch Alternativrüden aus, damit Sie nicht kurzfristig eine vielleicht unbedachte Wahl treffen müssen. Für den ersten Deckakt Ihrer Hündin sollten Sie sich in jedem Fall einen erfahrenen Deckrüden mit einem nicht minder erfahrenen Besitzer suchen, denn Erstlingshündinnen und Erstlingsrüden können schwierig sein.

Rüdenbesitzer sind Menschen mit Beruf und Familie. Melden Sie sich deshalb rechtzeitig an und auch ab, falls etwas dazwischenkommt. Es wäre schade, man würde den Rüden für Sie reservieren und einer anderen Hündin absagen. Hündinnen haben es an sich, so ziemlich alle zur gleichen Zeit heiß zu werden.

Läufigkeit und Paarung

Normalerweise wird eine Hündin zweimal im Jahr läufig oder heiß und kann frühestens nach bestandener Schutzhundprüfung, also älter als 18 Monate, belegt werden. Überlegen Sie, welche Hitze Sie bevorzugen wollen: Die Schönwetterzeit im

Das »hundetypische« Hängen.

Frühsommer ist ideal für Freilandaufzucht, doch müßten Sie den Käufern wahrscheinlich zugestehen, die Welpen nach deren Sommerurlaub abholen zu dürfen. Ein Winterwurf macht sehr viel mehr Arbeit und Schmutz, da sich die Welpen nur wenig im Freien aufhalten können.

Überprüfen Sie die Impfungen der Hündin. Müssen sie aufgefrischt werden, sollte dies wenigstens 14 Tage vor dem ersten Läufigkeitstag geschehen.

Achten Sie darauf, daß Sie den ersten Tag der Hitze nicht verpassen. Eine im angenommenen Zeitraum tägliche Kontrolle der Scheide mit einem Papiertaschentuch zeigt Ihnen das Einsetzen der Läufigkeit an. Häufiges Lecken der Schamgegend und hellroter Ausfluß sind die Signale.

Lassen Sie die Hündin vom Tierarzt auf Herz und Nieren prüfen und anhand einer Scheidensekretprobe feststellen, ob sie sich mit Bakterien infiziert hat, die sich noch vor dem Decktermin bekämpfen lassen. Derartige Infektionen können den Wurf gefährden und kommen, ohne daß man es der Hündin anmerken könnte, häufig vor. Verwenden Sie während dieser Hitze keinerlei geruchsbindenden Mittel, der Auserwählte soll ja keinesfalls abgeschreckt werden!

Benachrichtigen Sie den Rüdenbesitzer, und vereinbaren Sie den voraussichtlichen Decktermin: Im Normalfall ist der 13. bis 14. Tag der Läufigkeit der richtige Zeitpunkt. Reibt man die Hündin an der Rutenwurzel, hebt sie ihr Hinterteil und legt die Rute zur Seite. Die Scheide (Vulva) ist stark angeschwollen, hat den Höhepunkt der Schwellung allerdings gerade überschritten und ist weich, die Blutung hat aufgehört und ist in einen fleischwasserfarbigen Ausfluß übergegangen (allerdings gibt es Hündinnen, die bis zum Ende der Hitze blutigen Ausfluß haben): Die Hündin müßte jetzt den Rüden akzeptieren.

Verlassen Sie sich auf die Erfahrung des Rüdenbesitzers, ob er die Tiere frei gewähren läßt oder Ihre Mithilfe wünscht. Hündin und Rüde werden an der Leine miteinander vertraut gemacht, ist die Hündin willig, hält man sie am Kopf fest und redet beruhigend mit ihr, der Rüde steigt inzwischen auf. Beim Eindringen des Penis kann die Hündin quieken oder versuchen, sich zu setzen. Das muß unter allen Umständen vermieden werden. Deshalb sollte die Hündin gut festgehalten werden.

Das hundetypische Hängen kann fünf bis 40 Minuten oder länger dauern, es genügen aber auch wenige Minuten zur Befruchtung. Bleibt der Rüde nicht hängen, sollte man den Deckakt vielleicht am nächsten Tag wiederholen. Allerdings darf man keinen anderen Rüden benutzen,

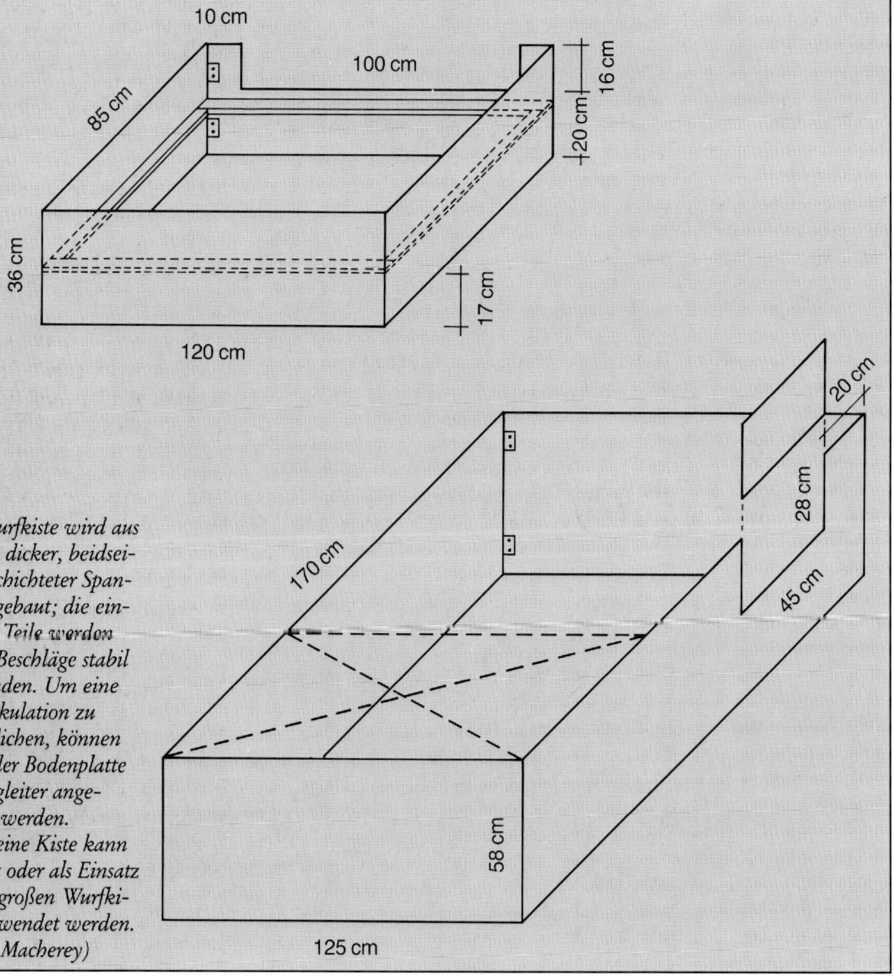

Die Wurfkiste wird aus 16 mm dicker, beidseitig beschichteter Spanplatte gebaut; die einzelnen Teile werden durch Beschläge stabil verbunden. Um eine Luftzirkulation zu ermöglichen, können unter der Bodenplatte Möbelgleiter angebracht werden.
Die kleine Kiste kann separat oder als Einsatz in der großen Wurfkiste verwendet werden. (Nach Macherey)

denn es könnte schon zur Befruchtung gekommen sein.

Hat sie den Deckakt willig mitgemacht und wurde der Rüde kurz vorher zur Zucht benutzt, reicht ein Deckakt aus. Ansonsten wäre eine Wiederholung nach 48 Stunden angebracht. Nach erfolgtem Deckakt bezahlen Sie die *vorher* vereinbarte Deckgebühr. Jegliche weitere Vereinbarungen halten Sie auf jeden Fall vor dem Deckakt schriftlich fest! Das gilt insbesondere, wenn sich der Rüdenbesitzer als Deckentschädigung einen Welpen aussuchen möchte. Halten Sie fest, ob er die erste oder zweite Wahl hat und bis wann er spätestens den Welpen abzuholen hat. Der Rüdenbesitzer händigt den Deckschein aus, den der Hündinnenbesitzer zur Wurfeintragung vorlegen muß.

Halten Sie die Hündin vor und nach dem Deckakt in sicherer Obhut, damit sie sich nicht von einem weiteren Rüden belegen läßt und Sie womöglich Überraschungswelpen im Wurf vorfinden!

Trächtigkeit

Die Tragzeit der Hündin dauert im Schnitt 63 Tage. Geburten zwischen dem 56. und 65. Tag sind noch normal. Häufig ist es der 61. oder 63. Tag. In den ersten drei bis vier Wochen der Trächtigkeit sind noch keine sichtbaren Veränderungen an der Hündin festzustellen. Erfahrene Züchter und Tierärzte können zwischen der 3. und 4. Woche fühlen, ob Welpen in der Gebärmutter sind oder nicht. Überlassen Sie das Abtasten Fachleuten, um keinen Schaden anzurichten!

Es scheint Mode zu sein, die Hündin röntgen zu lassen, um zu sehen, ob und wieviele Welpen sie bekommt. Wenn die Hündin gesund ist, zügeln Sie Ihre Neugier. Röntgenstrahlen sind auch für Tiere schädlich und sollten niemals ohne ernsthaften Grund eingesetzt werden!

Behalten Sie die tägliche Routine bei wie bisher, besonders die Bewegung, denn die Hündin braucht für die Geburt starke Muskeln. Ab dem 35. Tag nehmen Sie eine Wurmkur vor (Mittel vom Tierarzt geben lassen). Ab der 4. Woche können sich die hinteren Zitzen röten und dicker werden. Es kann sich ein zäher, eiklarer Ausfluß der Scheide zeigen. Erhöhen Sie ab der 5. Woche den Fleischanteil im Futter, und geben Sie zusätzlich ein Mineralstoff-Vitamin-Präparat.

Ab der 6. Woche wird die Hündin zusehends rundlicher und behäbiger. Vermeiden Sie jetzt zu lange Spaziergänge und Toben mit anderen Hunden, und verteilen Sie das Futter auf mehrere kleine Mahlzeiten am Tag. Geben Sie so viel, wie die Hündin fressen möchte.

Etwa 2 Wochen vor dem Geburtstermin bauen Sie die Wurfkiste und gewöhnen die Hündin an ihr neues Quartier. Die Kiste soll innen auswaschbar sein. Als Unterlage empfehlen wir Vetbed® oder ein gleichwertiges Produkt. Das ist zwar teuer, aber ideal, da es nicht verknautscht und die Welpen nicht in Falten rutschen können, auf die sich die Hündin legt. Die Feuchtigkeit läuft durch das Vlies, die Welpen liegen stets trocken und warm, was für das Gedeihen der Kleinen überaus wichtig ist. Wenn Sie die Ausgabe scheuen, sorgen Sie statt dessen für eine große Anzahl Bettücher. Schon Wochen vor der Geburt sollten Sie Zeitungen sammeln (der Bedarf ist groß), die unter das Vetbed bzw. Betttücher und auf den verbleibenden Kistenboden gelegt werden.

Hündinnen schätzen den Höhleneffekt. Falls der Kistenrand hoch genug ist, hängen Sie eine Decke über einen Teil der Kiste, unter die sich die Hündin zurückziehen kann. Manch unruhige Hündin fühlt sich so in der Wurfkiste wohler. Hängen Sie über die offene Fläche der Kiste eine Infrarotwärmelampe, die während und nach der Geburt angeschaltet sein sollte, um die neugeborenen Welpen warmzuhalten. Die Lampe sollte so tief über den Kleinen hängen, daß man die Wärme bei flach auf den Boden gelegter Hand angenehm spürt.

Für den Wurfraum genügt normale Zimmertemperatur. Schädliche Zugluft ist in jedem Fall zu vermeiden.

Die Geburt

Ab dem 53. Tag beobachten Sie die Hündin und messen täglich morgens und abends Temperatur. Die Normaltemperatur beträgt (mit dem Thermometer im After gemessen) 38 bis 38,5 °C. Sinkt die Temperatur um ca. 1° unter 37 °C und steigt wieder rapide an, ist in den nächsten 22 bis 24 Stunden mit der Geburt zu rechnen.

Mögliche erste Anzeichen für die Geburt sind: Die Hündin wird unruhig, scharrt in ihrer Kiste, muß öfter die Blase entleeren und hechelt stark. Sie bekommt einen »in sich gekehrten« Gesichtsausdruck, scheint ihren Bauch zu beobachten und rührt kein Futter mehr an. Bleiben Sie jetzt in ihrer Nähe, und dulden Sie keine Zuschauer. Die Hündin braucht Ruhe, will aber meist ihre Bezugsperson um sich haben. In jedem Fall ist die Anwesenheit des Besitzers erforderlich, um die Hündin zu beruhigen oder aufzumuntern und im Notfall eingreifen zu können.

Die Scheide schwillt an wie zur Hitze, der Bauch senkt sich deutlich ab. Die Eröffnungswehen zeigen sich in leichten, wellenartigen Bewegungen über den Leib. Die Hündin kann im Stehen, Sitzen oder Liegen werfen. Sie stemmt sich gegen die Kistenwand, macht den Buckel krumm und streckt die Rute in einem unnatürlichen Bogen ab. Sie preßt nun deutlich. Mit einem Stöhnen drückt sie den Welpen noch in seiner Fruchtblase heraus, an der Nabelschnur die Nachgeburt mit sich ziehend. Die Hündin beißt die Fruchtblase auf, die sie mit der Nachgeburt hastig verschlingt.

Nachgeburten enthalten wertvolle Stoffe, lassen Sie ihr deshalb einige; bei einem großen Wurf können zu viele gefressene Nachgeburten zu Durchfall führen. Nun kaut die Hündin die Nabelschnur ab, dabei wirft sie den quiekenden Welpen hin und her. Erschrecken Sie nicht, das muß so sein; sie fördert dadurch Atmung und Durchblutung. Jetzt leckt sie den Welpen trocken, der sich womöglich schon auf den Weg zur Zitze macht und festsaugt.

Bis zum nächsten Welpen kann es 20 Minuten bis zwei Stunden dauern. Achten Sie darauf, daß nach jedem Welpen die Nachgeburt kommt. Bleibt sie zurück, kann das zum Tod der Hündin führen. Daher muß der Tierarzt zurückgebliebene Nachgeburten so schnell wie möglich zutage fördern.

Schäferhunde, die Geschichte machen: links eine der erfolgreichsten Zuchthündinnen überhaupt, Palme vom Wildsteiger Land, hier mit ihrem Enkel, dem Sieger Eiko vom Kirschental. Ihre berühmtesten Söhne sind zweifellos die Sieger »Uran vom Wildsteiger Land« und »Quanto Arminius«.

Auch wenn sich trotz Preßwehen nach zwei Stunden nichts tut, obwohl die Hündin offensichtlich noch Welpen hat, rufen Sie den Tierarzt. Vereinbaren Sie vorher mit ihm, ob er zur fraglichen Zeit zur Verfügung stehen kann, um nicht im Notfall eine Vertretung suchen zu müssen!

Manche Hündinnen geraten beim ersten Welpen in Panik und wollen aus der Kiste springen. Beruhigen Sie sie, beim nächsten Welpen geht meist alles ganz normal. Weiß die Hündin mit dem Erstgeborenen nichts anzufangen und läßt ihn in der Fruchtblase liegen, reißen Sie diese rasch an der Nasenspitze des Welpen auf, damit er nicht im Fruchtwasser ertrinkt. Rubbeln Sie den Welpen mit einem Handtuch trocken, bis der erste kleine Schrei ertönt. Dies ist meist das Signal für die Hündin, die jetzt den Welpen fordert und alles weitere erledigt.

Tut sie es nicht, binden Sie die Nabelschnur mit einem abgekochten Zwirn oder Zahnseide etwa ½ bis 1 cm vor der Bauchdecke fest ab und schneiden sie ca. 1–2 cm dahinter durch. Legen Sie den Welpen an die Zitzen.

Erstreckt sich die Geburt über viele Stunden, reichen Sie der Hündin zwischendurch eine kräftige Fleischbrühe und frisches Wasser.

Im allgemeinen sind Schäferhündinnen unkomplizierte Mütter, doch es muß nicht immer alles glatt gehen. Auf alle möglichen Komplikationen einzugehen, würde den Rahmen dieses Buches sprengen. Wenn 24 Stunden nach dem Temperaturabfall und -anstieg und nach offensichtlichen

Vorwehen keine Eröffnungswehen folgen, rufen Sie den Tierarzt. Auch wenn sich nach dem 63. Tag nichts tut, suchen Sie seinen Rat. Es kann ein Kaiserschnitt nötig sein.

Die junge Familie

Vorausgesetzt, es ist alles normal verlaufen, wird die Hündin ruhiger und beginnt sich zu reinigen. Nun ist es Zeit, die Unterlage zu erneuern.

Unmittelbar nach der Geburt reichen Sie der Hündin eine kräftige, ungesalzene Fleischbrühe oder warme Welpenmilch mit etwas Traubenzukker. Auch wenn sie nur ungern ihre Welpen verläßt, muß sie hinaus, um sich zu lösen. Waschen Sie anschließend das Hinterteil der Hündin; Ausfluß und dünner Stuhl sind in den nächsten Tagen normal.

Die Wärmelampe bleibt noch einige Tage brennen; ist es ausgesprochen kühl, noch zwei bis drei Wochen länger. Wiegen Sie die Welpen auf einer Küchenwaage (2- bis 5-g-Einteilung). Welpen können nach der Geburt etwas abnehmen, sie verdoppeln aber im allgemeinen in der ersten Lebenswoche ihr Geburtsgewicht.

Achten Sie darauf, daß die Zitzen nicht hart werden und ein Milchstau entsteht. Am besten den Tierarzt fragen.

Hilfreich ist es, die Welpen sofort nach der Geburt mit bunten Wollbändchen um den Hals zu markieren, damit man sie beim Wiegen, Wurmkur etc. unterscheiden kann.

In den ersten Tagen nach der Ge-

Zufrieden saugen diese 3 Wochen alten Welpen.

burt reicht man der Hündin das Futter in kleinen Portionen, ziemlich dünnflüssig. Verläßt sie die Wurfkiste nur ungern, geben Sie ihr das Futter dort. Die Futtermenge beträgt jetzt das Dreifache ihrer normalen Ration mit $^2/_3$ Fleisch und $^1/_3$ Getreidekost, dazu Kalzium- und Vitaminpräprate. Füttern Sie, soviel sie annimmt, denn sie muß in Mengen eiweiß- und fettreiche, vitamin- und mineralstoffhaltige Milch produzieren. Bei Kalziummangel kann es zur Eklampsie (Krampferscheinungen) kommen, die, wenn nicht unverzüglich behandelt, tödlich für die Hündin ausgeht.

Die Hündin braucht jetzt Ruhe; Besucher sollten noch ein paar Tage warten und Kinder sich ruhig verhalten, da manche Hündinnen kurz nach der Geburt aggressiv reagieren. Melden Sie dem Deckrüdenbesitzer und dem Zuchtwart den Wurf.

Welpen-aufzucht

Nach 10 bis 14 Tagen öffnen die Welpen die Augen, ab der 3. Woche beginnen auch die anderen Sinnesorgane funktionsfähig zu werden. Wenn die Hündin den Welpenkot nicht mehr entfernt, ist die Zeit gekommen, die kleine Meute in den Zwinger umzuquartieren. Achten Sie darauf, daß die Welpen auf den Böden nicht rutschen. Dabei überdehnen sie Sehnen und Muskeln, was der weiteren Entwicklung der Gelenke sehr schadet und eine spätere Hüftgelenksdysplasie fördert. Die Kleinen brauchen jetzt mehr Bewegungsraum, dehnen ihre Erkundungsgänge immer weiter aus und spielen allerliebst miteinander.

Sorgen Sie dafür, daß die Welpen einen separaten Löseplatz in ihrem Auslaufbereich haben. Dies kann ein flacher Sandkasten oder eine mit Zeitungspapier oder Hobelspänen ausgelegte Ecke sein. Das erleichtert Ihnen die Sauberhaltung sehr, ebenso das spätere Stubenreinheitstraining der Welpen.

Mit drei Wochen erfolgt die erste Wurmkur nach Anweisung des Tierarztes, die in bestimmten Abständen wiederholt wird.

Die wichtigste Entwicklungsphase im Leben der Welpen ist die Zeit zwischen der 4. und 7. Woche; sie wird deshalb Prägungsphase genannt. Jetzt braucht der Welpe engen Körperkontakt mit Menschen und Ansprache; Füttern und Saubermachen genügen nicht. Wenn Sie einmal keine Zeit haben, bitten Sie Freunde und Bekannte, einige Stunden am Tag mit den Welpen zu spielen und zu schmusen. Bei trockenem Wetter dürfen die Welpen ins Freie. Zum Schlafen hereinholen, im Sommer für Schatten sorgen! Trockene Kälte schadet tobenden und spielenden Welpen nicht. Solange sie sich bewegen, dürfen sie zeitweise auch im Winter raus.

Je nach Anzahl der Welpen und Milchleistung der Mutter sollten die Welpen im Alter von 4 bis 6 Wochen nur noch gelegentlich saugen. Trotzdem bleibt die Nahrung der Hündin hochwertig und reichlich.

Ab der 3. Woche bekommen die Welpen ihre ersten kleinen Mahlzeiten. Man verläßt sich entweder auf ein gutes Welpenaufzuchtfutter oder beginnt mit kleinen Bällchen aus Rinderhack und Milchbreien, angereichert mit Kalzium- und Vitaminprä-

Bei diesen 8 Wochen alten Welpen kann man schon sehr gut erkennen, daß der rechte langstockhaarig werden wird, während man über die spätere Fellfarbe wenig voraussagen kann.

paraten, abwechselnd mit Welpenaufzuchtmilch. Tauchen Sie einen Finger in die Flüssigkeit, und führen Sie ihn ans Welpenmäulchen. Der Welpe lernt schnell zu schlecken.

Manche Hündinnen würgen den Welpen halbverdautes Futter vor – die ursprüngliche Weise, Welpen von Muttermilch auf feste Kost umzustellen. Die Welpen sollten zügig in 10 Minuten so viel gefressen haben, wie sie brauchen. Keinesfalls dürfen sie überfüttert werden. Lieber häufiger geringe Mengen, als einmal eine Riesenportion, da der Magen klein und nicht darauf eingestellt ist.

Ab der 6. Woche läßt die Milchbildung der Hündin nach. Ist sie dünn und ausgemergelt, stellen Sie das Futter auf ein Drittel Fleisch und zwei Drittel Getreidekost um, beziehungsweise lassen Sie zusätzliche Fleischgaben zum Fertigfutter weg oder wählen Sie ein weniger proteinhaltiges Fertigfutter.

Die Hündin sollte immer freien Zugang zu den Welpen haben, um mit ihnen zu spielen und sie zu erziehen. Aber sie muß sich zurückziehen können; richten Sie ihr evtl. eine erhöhte Liegestatt ein, die die Welpen nicht erreichen können. Nach ca. 8 Wochen sollte die Mutter wieder ihr gewohntes Leben führen.

Inzwischen hat der Zuchtwart den Wurf »abgenommen«, d. h. die notwendigen Formalitäten zur Eintragung ins Zuchtbuch und zur Ausstellung der Ahnentafel erledigt, und die Welpen wurden tätowiert. Die ersten Impfungen sind erfolgt. Ab der 8. Woche dürfen die Welpen abgegeben werden.

Inserieren Sie frühzeitig in der SV-Zeitung Ihre Welpen und später notfalls in der örtlichen Tageszeitung, falls Sie noch keine festen Interessenten für Ihre Welpen haben. (Bei Reservierung immer eine Anzahlung geben lassen!) Bei Abgabe überreichen Sie den Impfpaß, einen Futterplan und einige Tagesrationen des gewohnten Futters, damit zum Streß des Umgewöhnens nicht noch Ernährungsprobleme kommen.

Prüfen Sie sorgfältig die Kaufinteressenten, damit die Welpen, für deren Leben Sie allein verantwortlich sind, ein glückliches Hundeleben führen können. Zufriedene Welpenkäufer sind für Sie als Züchter die beste Werbung!

KAPITEL 16

Anhang

Literatur

BONETTI, FRANCO und GORRIERI, WALTER: Der Hund, Anatomischer Aufbau und Fortbewegung. Modena 1976.

DELALIX, ANNE MARY: Los Perros Españoles. Barcelona 1986.

ENDE, ROLF VON: Über Wölfe und Hunde. Berlin 1982.

FEDDERSEN-PETERSEN, D.: Hundepsychologie. Stuttgart 1992.
- Hunde und ihre Menschen. Stuttgart 1992.

GOLDBECKER, WILLIAM und HART, ERNEST H.: This is the German Shepherd. Neptun City 1967.

JACOBEIT, WOLFGANG: Schafhaltung und Schäfer. Berlin 1987.

MECH, DAVID L.: Auf der Fährte der Wölfe. München 1992.

MÜLLER, MANFRED: Vom Welpen zum idealen Schutzhund. Reutlingen 1981.
- Der leistungsstarke Fährtenhund. Reutlingen 1984.
- Der echte, führige Schutzhund. Reutlingen 1986.

OTTO, E. VON: Der Deutsche Schäferhund. Berlin 1925.

PETERS, ALFRED: Der Deutsche Schäferhund, Bewertung, Vererbung, Züchtung. Bad Hersfeld 1986.

PIENKOSS, ALFRED: Der Rottweiler. Essen 1987.

RÄBER, HANS: Brevier neuzeitlicher Hundezucht. Bern 1984.

RAISER, HELMUT: Der Schutzhund. Hamburg 1981.

RAKOW, BARBARA: Der homöopathische Hundedoktor. Stuttgart 1992.

SCHLEGER, H. W.: Hundezüchtung in Theorie und Praxis. Wien 1986.

SCHNEIDER, A. und W.: Hundekrankheiten. Stuttgart 1987.

STEPHANITZ, MAX VON: Der Deutsche Schäferhund in Wort und Bild. Jena 1923.

STRANG, PAUL D., BERMAN, STEPHEN A., HILLDRUP, M. EILEEN: The White German Shepherd Book. Washington 1983.

STREBEL, RICHARD: Die Deutschen Hunde. München 1904/1905.

SV-Rassekennzeichen des Deutschen Schäferhundes. Augsburg 1991.

TRUMLER, EBERHARD: Mit dem Hund auf Du. München 1972.
- Hunde ernstgenommen. München 1981.
- Ein Hund wird geboren. München 1982.

WIESNER, EKKEHARD und WILLER, SIEGFRIED: Lexikon der Genetik der Hundekrankheiten. Leipzig 1983.

WILLIS, MALCOLM B.: The German Shepherd Dog, A Genetic History of the Breed. London 1991.

Adressen

Verband für das
Deutsche Hundewesen e.V. (VDH)
Westfalendamm 174
4600 Dortmund 1
Tel.: 0231–56500–0
Fax: 0231–592440

Verein für Deutsche
Schäferhunde e.V. (SV)
Steinerne Furt 71/71a
8900 Augsburg
Tel.: 0821–74002–0
Fax: 0821–703489

Österreichischer Verein für
Deutsche Schäferhunde (SVÖ)
Hauptgeschäftsstelle
Linzer Str. 342
A-1140 Wien
Tel.: 0222–942249

Schweizerischer
Schäferhund-Club (SC)
Präsident: Bruno Jäggi
Buchenweg 12
CH-4600 Olten
Tel.: 062–261884

Deutscher Hundesportverband
e.V. (dhv)
Obfrau für Turnierhundsport:
Waltraud Dreher
Herrenstr. 28
7247 Sulz-Renfrizhausen
Tel.: 07454–8810

Deutscher Verband der
Gebrauchshundesportvereine
(DVG)
Gustav-Sybrecht-Str. 42
Postfach 6006
4670 Lünen 6
Tel.: 0231–87949
Fax: 0231–8770813

Bundesverband für das
Rettungshundewesen e.V.
Fliederstr. 5
6704 Mutterstadt
Tel.: 06234–1708 und 0621–864 51
Fax: 06234–1704 und 0621–851950

Deutscher Agility Club von 1987 e.V.
Heiligkreuzweg 45a
6500 Mainz 1
Tel.: 06131–832660

Register